U0092245

主任與職員的法律責任

沈銀和 著

三民書局

國家圖書館出版品預行編目資料

主任與職員的法律責任／沈銀和著.－－初版二刷.
－－臺北市；三民，民90
面；　公分.--(生活法律漫談)

ISBN 957-14-3154-0 (平裝)

1.教育－法令,規則等

2.法律－中國－案例

526.22　　89003003

網路書店位址　http://www.sanmin.com.tw

© 主任與職員的法律責任

著作人　沈銀和
發行人　劉振強
著作財產權人　三民書局股份有限公司
臺北市復興北路三八六號
發行所　三民書局股份有限公司
地址／臺北市復興北路三八六號
電話／二五〇〇六六〇〇
郵撥／〇〇〇九九九八——五號
印刷所　三民書局股份有限公司
門市部　復北店／臺北市復興北路三八六號
重南店／臺北市重慶南路一段六十一號
初版一刷　中華民國八十九年四月
初版二刷　中華民國九十年九月
編　號　S 58485
基本定價　伍　元
行政院新聞局登記證局版臺業字第〇二〇〇號

ISBN 957-14-3154-0 (平裝)

黃秘書長昆輝序

法律是人際行為的規範，法治則為民主社會的基礎。在現代社會中，就個人而言，必須具備法律常識與守法精神，以避免觸犯刑章，並維護自己的權益。就整個社會而言，則須致力建構法制，發揚法治精神，才能維持民主制度的正常運作，共享民主生活的福祉。

學校，則為充實學生法律常識，培養國民守法精神的主要場所；學校教師與行政人員均負有學生法治教育之責任，因此，必須先提升個人的法律素養；同時，由於社會日益開放，環境日趨複雜，學校教師與行政人員無論在執行公務，或處理人際關係，都有深入了解相關法令，充實法律知識，以維護個人權益之必要。

沈銀和先生，德國慕尼黑大學法學博士，歷任地方法院、高分院法官、庭長，現任福建高等法院金門分院院長，是一位兼具精深學養與實務經驗的法律人。但沈院長原出身教育界，先後畢業於臺中師範學校及臺灣師範大學教育系，歷任國小、國中教師。因此，特別關心學校法治教育，長期擔任師範院校教師進修班及臺灣省、臺北市教師研習會的法律講座及諮詢工作，致力提升教育人員的法律素養；並且經常發表有關教育人員法律問題的論文，出版《教育人員實用法律》、《中德少年刑法比較研究》等相關著作。

沈院長一直抱持「提供教育同仁法律服務，提升教育人員法律素養」之宏願；而有鑒於教育同仁因不諳法律，蒙受刑事責任、民事糾紛或行政處分的案例日益增多，乃費時多年，蒐集相關案例，以深入淺出的白話文，分析案主涉及的刑事、民事及行政責任，討論有關訴訟程序，說明答辯、申辯之要旨，並提出應有的省思與記取的教訓，以資殷鑑。總計蒐集九十餘篇，分為《老師的法律責任》、《校長的法律責任》及《主任與職員的法律責任》三冊，期能提供教育同仁完整的法律知識。

目前，我國雖已建構民主制度，國人已享有民主生活，但仍有待加強法治教育，提升守法精神，使我們的民主社會更臻成熟。沈院長的法律叢書，不但可以充實教育同仁的法律知識，也有助於法治教育的推展，頗值推介。爰於其付梓之際，特綴數語以為序。

黃昆輝 謹識

中華民國八十八年十月十五日於總統府

自序

銀和原習教育，畢業於臺中師範與師大教育系。以後自習法律，考上司法官特考，改行當法官，再赴德國慕尼黑大學取得法學博士學位，回國續任法官、司法院廳長、金門高分院院長。並在各大學兼任法律教席，同時應邀在臺北市、高雄市教師中心、豐原教師研習會及師大教官班等擔任教育人員相關的法律講座，前後二十多年，可說仍然為教育界服務。

每年校長、主任與老師們都說，坊間缺乏老師與法律的書籍，也找不到人請教，大家都要求多寫一些有關法律常識的書。要寫適合於教育人員的書實在很難；因為問題漫無邊際，而法律責任也非三言兩語可以說得清楚，要讓人全盤瞭解並不容易。目前專門性的法律書籍，都只談一點，未談全面。一般民眾所得的法律概念，也是支離破碎，而非完整性的法律責任；因此經常在出了事受了處分時，才知道有這樣的責任。比如體罰學生，只談刑事責任；打傷了學生構成傷害罪，要被判刑，然而是告訴乃論之罪，和解以後撤回告訴就沒事。殊不知還有民事責任以及公務員的懲戒責任，還要賠償與受懲戒。如果早知道法律責任有三種，就會更加小心預防了。

依筆者二十多年來與教育界人士接觸的經驗，深知教育工作者最需要的法律書籍，是他們工作上與生活上的法律，並且是綜合性與整體性的法律概念，不是法律教科書型式：片段、零碎、深奧且專門的法學理論。但是目前並沒有這一類專門討論教育實務上問題的法律書籍。因為生活與法律的範圍，都浩瀚無邊，要摘取教育與法律的題材已經不容易，再進一步尋求實際上發生的實例，也難以取得文獻。此外法律文章又乾燥無味，以一般法律書籍的體裁，寫給沒有唸過法律的教育人員看，並不適合。依教育原理，必須適合讀者的程度，更須切合生活需要與經驗。

基於上述的考量，筆者認為教育工作上所發生、切合教育人員生活需要的素材，莫過於法院裁判過的案例了。這些案例可以在公務員懲戒委員會歷年來的議決書，以及歷年一、二、三審法院的判決書中尋求。能找出那些案例作為素材，才是最適合於教育人員的教材。雖然法院的判決多如牛毛，尋找不易，還是於兩年前開始蒐集資料，然後規劃動筆寫作。總共取材一百八十五件案例，寫就整整一百節。可以說，所有教育人員在職業上與生活上所發生的法律問題，統統蒐集齊全了。歸類之後，可以印成三冊；第一冊是《老師的法律責任》，有卅三節。第二冊是《主任與職員的法律責任》，有卅一節。第三冊是《校長的法律責任》，有卅六節。這三本書，完整說明各種職位的教育工作者所應具備的法律常識，教育人員所要知道的切身法律問題，統統說明了。並且可以做為做人做事的參考，避免蹈其覆轍，遠離災難。

這三本書的寫作，秉持三個原則：第一，取材自學校老師、職員、主任、校長、教育局官員、與其他教育機關人員，實際上所發生的案例，最具真實性，並切合生活需要。第二，寫作的體例，採取三段論法敘述之。第三，完全以白話文寫作，使沒有學過法律的人一看就懂，消除法律書籍艱澀難解之弊。所謂三段論法是：第一段概述事實，具趣味性，像看故事一樣，不會枯燥無味。第二段是探討法律問題；敘述刑事責任、行政責任（即懲戒責任）、與民事責任，使讀者具有整體性的法律觀念。第三段是省思與警惕；教育性的提示嗣後應該注意的事項，引以為鑑。上述取材的唯一例外，是第一冊第二十五節「送紅包就要受懲戒」；那是花蓮縣政府一般行政人員，送紅包沒有被判刑而受懲戒的案例。這種案例很少，值得作為殷鑑，因此雖非教育人員也加以引用說明。

這三本書的體例有三點特徵：第一，全部以案例為素材，取材自公務員懲戒委員會的議決書及相關的刑事判決書；改編而非照抄，每案都註明其資料來源，以顯示其真實性。讀者閱讀真實故事，可設身處地理解並警惕。第二，每個案例的時間地點都沒改變，照舊引述，才有真實感；但為維護當事人權益，當事人的姓名則予改變，另取姓名。但年齡則照舊不變，使人瞭解其出事後的景象，作為警惕。第三，這三本書是法律常識兼具法律教育的書，其意旨在以真人實事的案例來宏揚法律知識，以各案例作為殷鑑；絕無污衊書中原有人物之意，更無妨害其名譽的故意。且姓名已經更改，如有相同者，純屬巧合，特此誌明。

因為公務員懲戒委員會印行的議決要旨彙編，在七十七年以前所印者，僅標示鑑字第幾號，而缺印年度；筆者如有特別選擇詳細引述該議決書的需要，才特別商請公懲會書記官長林平國先生調出舊卷影印。此外因為太瑣細，沒有必要全部翻印原議決書，因此少數早期簡短之案例，僅簡單引述案號而無年度，在此敘明。

這三本書承教育界耆宿黃秘書長昆輝先生，在總統府秘書長調任中國國民黨中央黨部秘書長前一個月賜序，非常感謝！公務員懲戒委員會書記官長林平國先生，及多位書記官，尤其金門高分院書記官李屏霞小姐、李麗鳳小姐，對於蒐集資料、影印文件、整理資料，幫忙最多。其他多位法院院長、書記官長，也幫忙翻查老舊判決書，在此一併致謝！

沈銀和謹識於福建高等法院金門分院

中華民國八十八年十一月十五日

目錄

第二章 職守有虧生涯成灰

第三章 勿生邪念永無夢魘

第四章 腳踏實地服務禍端自然免除

第五章 會計出納不可作假

第六章　檢點私生活天天快樂過

第一章

動口又動手人人說醜陋

第一節　動手打人非英雄（二案）

一、事實概述

(一)會計員毆打同事嘴巴

新竹縣立六家國中會計員李博基，於八十年七月二十日早上九點，在該校總務處內，向該校老師劉永光請教減肥方法。他說：「劉老師你最近苗條了不少，有什麼減肥妙方？我太太最近胖了三公斤，衣服都不能穿了」！在場參加閒談的總務處同事林文義突然說：「你太太去賣，我再去娶嘛」！李博基非常生氣，問他「你這是什麼話」？林文義竟然理直氣壯的說：「我說你老婆去賣，是跟你開玩笑的，難道不可以嗎？你要怎麼樣」？李博基更氣，一巴掌打過去，正中林文義的嘴巴，邊打邊說：「那我打你嘴巴，也是開玩笑的嘍」！林文義想要反擊，就被在場的人拉開了，在場有三位老師，也都覺得林文義不應該這樣沒有分寸的開玩笑。

兩個人不歡而散後，林文義於下班時順道去六家派出所報案，派出所就通知李博基去問話。李博基去詳加說明，作了筆錄，他以為沒事了，沒想到兩個禮拜後，新竹地方法院簡易法庭竟然傳他去訊問，然後裁定處罰銀元九百元罰鍰（新臺幣二千七百元）。他非常不服，提起抗告，但是被地方法院的普通庭駁回而確定，只得乖乖的繳了這筆罰鍰。以後經臺灣省政府移送公務員懲戒委員會懲戒：「李博基申誡」。

本案資料來源：公務員懲戒委員會八十一年度鑑字第六六七九號議決書，載於八十一年，第一期，第二〇一頁。

㈡國小老師毆打又恐嚇太太

本案發生於八十年一月間，主角是桃園市會稽國小老師，三十六歲的翁宏明。翁老師與他的太太洪月雲感情不好，八十年一月二十六日下午在他的家裡因細故發生爭吵，翁宏明毆打他的太太頭部與腹部成傷，又於同月三十一日下午在家中毆打太太，致其右膝血腫、右小指扭傷、左手背擦傷、右拇指扭傷。他的太太洪月雲提出告訴。同年二月二十六日，傷害案偵查中，翁老師又打電話向他太太說：「我要回家把妳打死，打得讓妳沒傷痕，等著瞧」！洪月雲又告他恐嚇。前案傷害罪經臺灣高等法院判處有期徒刑二月，如易科罰金以三十元（銀元）折算一日確定。後案恐嚇罪也經同院判處有期徒刑三月，如易科罰金以三十元折算一日確定。以後又經臺灣省政府移送公務員懲戒委員會懲戒：「翁宏明申誡」。

本案資料來源：公務員懲戒委員會八十一年度鑑字第六六四七號議決書、臺灣高等法院八十年度上易字第三一二二號、及三〇五三號刑事判決書。

二、法律責任探討

1. 打人家一個嘴巴，有什麼法律責任？要看結果及場所而定：是否發生傷害及是否在大庭廣眾之前打的。發生傷害的話，當然構成傷害罪。沒有傷，就要看是否能夠成立公然侮辱了。公然侮辱，必須在公共場所或公眾得出入的場所侮辱人；這種場所，就是一般人所說的「在大庭廣眾之前」侮辱人，才成立公然侮辱。不是這種場所，就不能成立。第一案發生的場所，是在學校的總務處內，並不是公共場所，也不是公眾得出入的場所，因此不能構成公然侮辱罪。至於第二案的恐嚇罪並沒有場所之分，只要口出狂言，使人駭怕生命、身體、財產受到傷害，就成立了。

2. 李博基既然不構成傷害罪，也不構成公然侮辱罪，那為什麼被罰款兩千七百元呢？

原來李博基的行為，並不是犯罪行為，而是違警的行為，觸犯社會秩序維護法第八十七條第一款所定的「加暴行於人」的規定，可處三日以下拘留或新臺幣一萬八千元以下罰鍰。加暴行於人、互相鬥毆、以及意圖鬥毆而聚眾等三種違警行為，可以處拘留，不是專處罰鍰或申誡的案件，不合社會秩序維護法第四十三條第一、二款的規定，警察機關不能逕行處分，應依該法第四十五條第一項規定，移送所轄地方法院簡易庭裁定。因此第一案的處罰，是簡易庭的法官裁定的，不是警察局裁決的。

3. 罰鍰與罰金不同：罰鍰是行政罰，罰金是刑罰。社會秩序維護法是行政法，所規定的處罰是行政罰，不經檢察官起訴，由警察或簡易法庭的法官逕行裁定處罰。罰金則必須有犯罪行為，經檢察官起訴，然後由法官判決。第一案是較重的違警行為，社會秩序維護法第四十五條第一項規定，要移送簡易法庭，由法官裁罰，警察局無權裁決。

4. 林文義亂講話，激起李博基的氣憤而揍人，依照情理說，可謂情有可原。但是依法而言畢竟是違法的，如果沒有人追究便罷，有人追究的話，就要受處罰了。雖然李博基曾一再辯解說，林文義平時及事後如何可惡，他如何忍氣吞聲，這些都改變不了打人一巴掌的事實。然而打人就是加暴行於人，既然有打人的事實，就沒辦法免除法律責任。至於打人的原因是否值得原諒，被打的人如何可惡，那是酌量處罰輕重的參考而已。

5. 簡易法庭裁定罰鍰後，不服裁定的話，可提起抗告。抗告法院是地方法院的普通庭，不是高等法院。抗告被駁回的話，就不能再抗告了，就確定了，只好繳納罰款了，否則要受強制執行。懲戒處分申誡，是最輕微的處分，以懲效尤。第二案的翁宏明老師毆打並恐嚇老婆，兩個案子都被判有期徒刑，可易科罰金，但是與前案一樣，僅懲戒申誡，顯然是同情家庭糾紛，從輕處分。

三、本節的省思

1. 開玩笑要看對象，更重要的是要有藝術，絕對不能隨便亂說，否則出口傷人，一定會惹下麻煩，會引起衝突，反目成仇，大打官司，弄得很難收拾。聰明的人都懂得對什麼人可以開玩笑，對哪種人不能開玩笑。開錯了玩笑，一定會變成笑話。因此不要隨便開別人的玩笑，除非認識對方相當深，交情相當夠，才可以出口開他玩笑。太太無論多麼可惡，都不可動手動腳毆打她，否則感情更加破裂，更加無法彌補，看在別人眼中，也會使人看不起；因為一般人都認為會打太太的人，

絕不會好到哪裡。

2. 學校老師與職員，經常因為亂開玩笑而發生口角，接著翻了臉，反目成仇，這都是開玩笑的罪過。不會開玩笑的人要加以警惕，要學學開玩笑的學問之後才施展。否則縱然不一定會惹來像第一案的風波，人家也會品評你：實在很差勁，少跟你在一起為妙。學校老師除了教書之外，還要教學生做人，學校的職員也要擔當模範的角色。因此老師也好，職員也罷，都要注意言行舉止，行為修養，都要比一般人好才可以。

3. 忍無可忍的自然反應，就是動手打人。第一案提供給你的教訓是：出手打人之前，要想到一巴掌的代價是很高昂的：要罰新臺幣兩千七百元，此外還要折騰好幾個月，精神損傷無法估計，實在划不來。那麼第一案的李博基最好要怎麼辦呢？最好是不要理他，悄悄地離開，讓大家知道林文義是個渾人，不必跟他嘔氣。第二案的翁老師要怎麼辦呢？太太發飆時，最好裝聾作啞，悄然離開，避免衝突，才沒有麻煩。

4. 火氣人人有，但是修養好的人，在於能夠克制自己的脾氣，會成功的人物，大都懂得克制脾氣。李博基雖然年已五十歲，火氣還是很大，打人家一巴掌，一直認為打得有理，被罰得很不服氣。然而不服氣也要受罰，受罰的意義，是要他反省

勿施暴力，勿粗暴，要改正動手打人的習慣；養成理性、容忍、守法的習慣，不是僅僅著眼於雙方吵架的過程，評斷哪一方吵得有理而已。

5. 第一案是因報案人林文義出言無狀，才引來一個巴掌。他說「你太太去賣，我再去娶」；去賣，就是去賣淫的意思，很明顯的是在調侃人家，含有羞辱人家的意思。這種玩笑怎麼能開呢？在情理上同事們都會認為這是林文義不對在先，想不到竟然惡人先告狀，讓李博基罰錢。林文義可能自鳴得意，認為他很厲害，也讓人家知道他是不好惹的。其實他這樣做，會失去所有的同事，大家都認清了他是這樣可怕的人物，會跟他保持相當距離，免得將來無意之間被他將了一軍。因此從表面上看，林文義是佔了上風，實際上他做人做事完全失敗。這種失敗，他是沒辦法瞭解的。因此一個行為的價值判斷，不能光看表面，要看整體，要看長遠的將來，不要光看短暫的現在。像第二案翁老師這樣年輕氣盛的人，應該練習自我克制，才有前途。

第二節　主計佐理員與人吵架

一、事實概述

本案發生於民國五十一年間，故事很簡單：當時的高雄縣立岡山農校主計佐理員林禮生，在校外搭會頭陳興發的互助會。林禮生標得會款後，會頭遲遲未交會款給他，他認定會頭有意倒會，迫不及待的跑到會頭家中索討會款，一言不合，雙方就破口大罵混蛋、王八蛋、狗娘養的、臭你媽。接著打起來，雙方的頭上、臉上、手臂、大腿都掛彩。接著雙方都檢具傷單，互控公然侮辱及傷害，林禮生又加告會頭陳興發詐欺及侵占。

檢察官查明：原來有兩名活會會員不交會款，會頭無法收齊會款，因此遲遲未交給得標的林禮生。但是林禮生認為會頭要負全部責任，雙方都不願讓步，互控公然侮辱與傷害部份也不和解，於是將兩個人都以公然侮辱罪及傷害罪提起公訴。陳興發被控詐欺與侵占部份，則處分不起訴。雙方互控的公然侮辱罪及傷害罪，在地方法院審理時，法官勸雙方和解，但是雙方都很情緒化，不願和解。於是法官就公然侮辱部份，各判罰金二百銀元，就傷害部份，依照兩人受傷的輕重，判處輕重不同的罰金；林禮生罰金五百銀元，陳興發四百銀元。雙方都上訴臺南高分院，但上訴都被駁回確定。

林禮生具有公務員身份，除了被判罰金以外，還被移送公務員懲戒委員會懲戒：該會認為林員有違公務員服務法第五條所定公務員應謹慎之規定，記過一次。

本案資料來源：公務員懲戒委員會議決案例要旨彙編（續編），第三九〇頁、鑑字第三一四五號議決書。

二、法律責任探討

1. 在日常生活中，人人都會開口罵人。很多人更是三字經不離口，一開口就「他媽的」、「混蛋」、「王八蛋」。這種壞習慣大多數人改不了，很多人也不想改，認為這樣可以表示他很豪氣，很有草根性。殊不知他一出口，就犯罪了。犯什麼罪呢？是犯了刑法第三百零九條第一項的公然侮辱罪，可能被判處拘役或銀元三千元的罰金（折合新臺幣九千元），不得不小心謹慎。當老師的人，尤其要改正這種壞習

慣。

2. 公然侮辱罪，是告訴乃論，不告不理。這個罪的成立要件，必須要有侮辱的故意才可以，出於口頭禪，沒有犯罪的故意，就不構成。但是要證明沒有故意很難，對方只要咬緊不放，就要吃官司了。

3. 一般人說吃官司，就是被法官判刑。事實上不只如此：除了刑事官司要判刑之外，還有民事官司及行政官司。民事官司是賠錢，行政官司是懲戒。小小的罵人事件，鬧出來之後，一定要負這三種法律責任。

4. 如果賠了錢，刑事告訴可以撤回，撤回之後，就解除了刑事與民事責任。然而對於行政責任還是無法免除，服務機關或懲戒機關，還是要加以處罰。因此老師與公務員，都要特別注意修養口德，因為罵人而受懲戒，實在划不來。

5. 在公共場所罵人，是觸犯刑法第三百零九條第一項的公然侮辱罪，處拘役或三百元以下罰金（罰金額度已提高為十倍）。誹謗罪則是以口頭或以文字、圖畫、散佈指摘別人的是非，毀損其名譽，觸犯刑法第三百十條第一、二項之罪。以口頭誹謗者，處一年以下有期徒刑、拘役或五百元以下罰金；以文字、圖畫誹謗者，處二年以下有期徒刑、拘役或一千元以下罰金。公然侮辱較輕，誹謗較重，犯罪要件也不一樣。

三、本案的省思

1. 罵人打人是粗魯的行為，有修養的人要設法避免。如果忍不下這口氣，硬要給他好看，結果不好看的，並不是別人而是自己，何必呢？

2. 罵人構成公然侮辱罪，打傷了人構成傷害罪，這是人人都知道的法律常識。但是男女老幼，到處都有罵人打架的事情發生，然後大打公然侮辱及傷害的官司。大部份官司，都在警方和解，否則也會在檢察官偵查中和解。堅持不和解，官司打到底的人很少。互控到底的後果，只有兩敗俱傷，雙方都沒有面子。

3. 公然侮辱罪及傷害罪，處罰都很輕，嘔氣打官司大可不必。對於不講理的人，想要用官司打倒他，是不可能的事。最好的辦法是不要理他，跟他保持距離以策安全。

4. 會腳倒會，會頭並沒有義務負責，不能說會頭要負責一切。收不到錢，會頭沒有義務墊錢賠錢。死不講理，才會發生爭執，不聽勸告和解，才會惹來多一層的麻煩：既被判刑，又被記過，沒有人會同情他。

5. 任何事情發生問題，都要瞭解原因，理性談判。不要堅持自己的偏見，不問原因，

橫柴入灶，硬要壓倒對方。這樣一定會發生摩擦；發生了摩擦，不循正當合法的管道解決，問題一定越鬧越大。要解決問題，絕對不可使用謾罵或毆打的方法，否則不但無法解決問題，自己卻先吃上了官司，惹禍上身，還被同事朋友竊笑。

第三節　國中主計員與書記互毆

一、事實概述

這則案例發生於民國五十五年間，主角是高雄縣立橋頭國中主計員陳進禮，因審核該校書記李成義出差旅費，雙方發生爭執，接著互毆：陳進禮揮拳擊中李成義左臉頰成傷。李成義提出告訴，不願與陳進禮和解，因此陳進禮被判罰金銀元一千元（新臺幣為三千元）確定。高雄縣政府層報公務員懲戒委員會懲戒，該會認為陳進禮違背公務員服務法第五條所定公務員應謹慎之規定，記過一次。

本案資料來源：公務員懲戒委員會鑑字第三七九五號議決書，載於公務員懲戒委員會議決案例要旨彙編（續編），第三九二頁。

二、法律責任探討

1. 本案主計員與書記互毆，書記告主計員，但是主計員卻沒有告書記。因此主計員吃了大虧，刑事上被判罰金，行政上又被處罰記過一次。但是互毆的另一方書記，卻沒有受到刑事處分與懲戒處分，乍看之下，覺得很不公平。事實上都是採取法律行動與否的問題；沒有採取法律行動，學校只能呈報一人，公懲會也只能就呈報的人進行懲戒，沒有呈報的人，當然無法懲戒。根本問題在於主計員沒有提出告訴傷害。

2. 互毆的結果，雙方都有傷，只要有吵架的事實，又有傷單為證，雙方都會成立普通傷害罪（刑法第二百七十七條第一項）。傷勢的輕重，打架的原因，事後的態度，只是量刑的參考（刑法第五十七條）。但是這個罪是告訴乃論（刑法第二百八十七條），沒有提出告訴或自訴，法官只能就起訴或自訴的被告判刑。

3. 主計員與書記都是公務員，兩人互毆後，如果再互控傷害，當然都會被起訴及懲戒；刑事的刑度及懲戒的處分，原則會一樣，除非下手的原因、手段與傷害的結果懸殊，一方特別可惡，才會較重。提起告訴的時機不必同時，以後也可另行提

起，另案辦理。但是檢察官或法官也可歸併給一個人併辦。

4. 凡是違法的案件，都要受懲戒（公務員懲戒法第二條第一款），有犯罪行為，當然是違法的行為，非受懲戒不可。但是公務員懲戒委員會要受理懲戒案件，必須有機關首長移送；依照公務員懲戒法第十九條的規定，有權移送的機關，是各院、部、會長官，地方最高行政長官，或其他相當之主管長官。後二者是指省長或直轄市市長。移送時「應備文聲敘理由，連同證據」移送審查。除了這些首長以外，一般民眾不能提出檢舉或控告。因為政府首長要移送時，必然審查過，證據確鑿，不會浮濫，一般人民就無法要求如此。

5. 互毆的行為，在當事人說，只是一點點皮肉之傷，但是從學校教育整體上看，顯然影響觀瞻。公務員服務法第五條上段規定：「公務員應誠實清廉，謹慎勤勉，……」，互毆的行為，公懲會認定違反本條應謹慎的義務，給他記過一次。很多犯罪行為，都可納入違反「謹慎」的規定，給予處分，但大都只是申誡而已，這個案子給予記過一次，可說是從重處分。公懲法上的記過，只有一種，不像學校或機關，有大過小過之分。被記過的人，一年內不得晉敘、升職、或調任主管職務（公務員懲戒法第十五條前段）。

三、本案的省思

1. 跟同事動口吵架，是很差勁的事；進而動手打架，那更差勁，更使人看不起，應該自我約束，無論如何都要避免吵架打架。避免的方法，就是默不作聲，悄悄離開。因為兩個銅板碰在一起才會響，拿掉一個銅板就響不起來了。

2. 一旦打起架來，對方很蠻橫，提起告訴，你也要告他。這樣才會平衡；兩人是半斤八兩，要談和解，也比較容易成功。否則告訴人一定姿態很高，被告要花費兩倍精神，懇求他和解才會成功。兩個都是被告時，一方稍微讓步，就可以達成和解了。

3. 凡是互毆，都會有傷，雙方都會構成傷害罪。不能和解的話，一定會被判罰金。對於被判罰金，有的人認為非常嚴重，非常丟臉，有的人則認為無所謂，無關痛癢。於是有人會利用對方怕事的心理，大肆敲詐勒索。遇到這種情形，要看開一點，不必任他勒索；反正刑事處分及懲戒處分，都不會太重，不必任人宰割。

4. 本案的傷勢很輕，只有左邊臉頰成傷，卻不接受和解，堅持告到底。最後雖然贏了官司，但是一定輸了做人；同事會認為他是喜歡打官司的人，最好離他遠一點。

他雖然將對方比了下去，又贏了什麼？

5. 打官司不是光彩的事，雖然很多人常說「不要讓自己的權利睡著了」，好像鼓勵人家打官司，但要先衡量做人的原則，厚道一點一定不吃虧；暫時吃一點虧，也不會有什麼損失，對人不要太計較，得饒人處且饒人，將來才會有福氣。如果睚眥必報，那麼大家都會對他畏避如蛇蠍，無法做人了。

第四節　訓導主任打人事管理員

一、事實概述

嘉義縣立東榮國中老師兼訓導主任施茂雄，於民國八十一年五月二十六日上午七點四十五分，到人事室去詢問人事管理員張慶輝有關校長休假問題，當時張慶輝正在整理學校教職員的簽到簿及差假單。言談之間，跟張慶輝發生爭吵。施主任舉起拳頭，就往張慶輝的頭部揮過去，打傷了他的頭部。張慶輝就去驗傷，告他傷害。學校很多人說情，叫張慶輝跟施主任和解，張慶輝熬不過人情，就和解撤回傷害之告訴。但是嘉義地方法院仍然以妨害公務罪，判他有期徒刑五個月，得以銀元三十元折算一日易科罰金，緩刑三年。施主任不服，上訴臺南高分院，但是上訴被駁回確定。

以後施主任又被公務員懲戒委員會議決記過一次。

本案資料來源：公務員懲戒委員會議決案例要旨彙編，第四編，第一三五頁、

鑑字第七〇九四號。

二、法律責任探討

1. 本案施主任所犯的罪，不只傷害罪而已；因為施主任是趁張慶輝正在整理簽到簿及差假單時毆打他，因此是在他執行職務時，施以強暴脅迫，除了構成刑法第二百七十七條第一項的普通傷害罪之外，還構成刑法第一百三十五條第一項的妨害公務罪，兩罪中要選擇比較重的罪處斷。這種情形，是一行為同時觸犯了數罪名，在學理上叫做想像競合犯（刑法第五十五條前段），應從一重處斷。「從一重處斷」，就是選擇比較重的一個罪名來判刑。

2. 要比較罪名的輕重，首先比較最高刑。最高刑相同的話，再比較最低刑。本案的普通傷害罪（刑法第二百七十七條第一項），最高刑是有期徒刑三年。普通妨害公務罪（刑法第一百三十五條第一項），最高刑也是有期徒刑三年。那就要比較最低刑了。普通傷害罪的最低刑，是罰金一千元；普通妨害公務罪的最低刑，是罰金三百元。因此兩罪比較起來，傷害罪較重，應該以傷害罪判刑。

3. 然而傷害罪是告訴乃論之罪，而妨害公務並不是告訴乃論之罪，而是公訴罪；傷

害罪可以撤回告訴，但是妨害公務罪不能撤回告訴。傷害罪撤回告訴之後，就剩下妨害公務罪要判刑了。因此本案情形，告訴人張慶輝雖然已經撤回傷害的告訴，法官也要就妨害公務罪判刑。

4. 本案還判緩刑三年，就是三年內不必執行，除非這三年內再犯罪，就要撤銷緩刑，連同新犯的罪，一起執行。判緩刑有一定的要件：第一，五年內沒有被判過有期徒刑；曾經被判過拘役或罰金，或者五年前被判過有期徒刑，都不算在內。第二，這次所要判的刑罰，必須在有期徒刑二年以下（包括二年在內），或者拘役或者罰金。第三，緩刑的期間要斟酌宣告二年以上五年以下。司法院本來鼓吹法官多宣告緩刑，但是實務上並沒有很高的比率。一般情況，都是對於犯罪情節輕微，又有些值得寬恕的被告，才宣告緩刑。不過要宣告緩刑的案子，刑度都判得重一點。本案的情節並不重，但是因為要宣告緩刑，才判了有期徒刑五個月，可說重了很多。

5. 妨害公務罪所侵害的法益，是社會法益，以及公務員個人的人身法益，所保護的對象，則較偏重於公職的尊嚴與執行。因此妨害公務的行為，經常會跟傷害或妨害自由相競合或相牽連；不是想像競合犯（刑法第五十五條前段），就是牽連犯（同條後段：方法或結果的行為觸犯其他罪名），但都是從一重處斷。

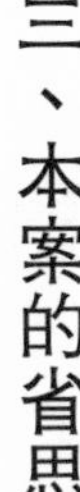

三、本案的省思

1.俗話說：「說話要看時機，更要看對象」。這句話就充分應用在本案上了。施主任要向人事管理員詢問理論，為什麼偏偏選在人事管理員正在整理簽到簿及差假單的時候呢？如果不在這個時候去跟他吵，是在張慶輝休息的時候去，那麼吵架打架，就只是單純傷害罪，不會同時構成妨害公務罪了。因此「講話要看風勢」，吵架也要看時機，一點都不錯。

2.本案訓導主任只打了人事管理員的頭部幾下，傷勢並不重，並且傷害罪已經和解撤回告訴了，還判他有期徒刑五個月，縱然可以易科罰金，並且又宣告緩刑，但是就刑度說，還是重了一點。其原因與訓導主任的身份有關；一般的觀念，無不認為當訓導主任的人，不應該隨便打人，尤其不能隨便毆打同事。基於相同的理由，因此公懲會也加重處分施主任；一般老師打人，不過申誡，本案竟然記過，也跟著刑事案件同樣加重處分。這是意味著身份與處罰及處分有關：訓導主任不能有暴力行為。

3.學校中教職員間，吵架打架的事件，可說經常發生，但是很少打起官司的。這種

情形，是一種好現象。因為吵架打架，雙方都不是光彩的事，官司打贏了，使對方判了刑，又受到公懲會的懲戒，同事間也不會誇獎他很高明，反而會批評這個人行事作風太絕，不能跟他做朋友。因此古人說：「訟者凶」，一點沒錯，少打官司為妙。

4. 凡是芝麻蒜皮的小事，最好防止上法院來。一上了法院，沒完沒了，經常發生法理與人情不合的情事。像本案一樣，告訴人撤回了，法律上卻仍然不善罷干休，仍然要判他妨害公務罪，因為法律的規定如此，法官不能違背法律。這樣就使訓導主任非吃大虧不可了。如果當初把握時效，趕快和解，不讓他提起告訴，就不會有這麼多麻煩了。

5. 現在司法機關及教育機關，都在宣導法律常識。有一句名言說：「不要讓你的權利睡著了」，要大家知道自己的權利，保護自己的權利。但是最重要的，是要懂得活用法律，要與生活密切連接在一起，不要製造自己及別人生活上的困擾。總而言之，不要不顧後果，把握機會告人，這樣對於社會國家及個人，都不會有什麼好處的。

第五節　出納組長打太太

一、事實概述

臺東縣大武國中出納組長朱復興，與他太太不睦，他太太懷疑他在外面有女人，經常吵架。七十七年二月間及四月間，在其老家屏東縣潮州鎮自宅中吵架，朱復興動手把太太打一頓。五月間他太太又在大武國中操場旁邊跟他吵一架，他又出手揍他太太一頓。他太太就去驗傷，檢具傷單告他一狀。以前太太被打後，也曾經告過，不過經過親朋好友勸解之後，就撤回告訴了。這次親朋好友不敢再出面勸解，他太太也堅持告到底，檢察官與法官勸諭和解都無效，最後法官判他拘役五十日，得以銀元三十元折算一日易科罰金。以後被公務員懲戒委員會議決申誡。

本案資料來源：公務員懲戒委員會議決案例要旨彙編，第三編，第一一五頁、鑑字第六一七四號。

二、法律責任探討

1. 國中出納組長是公務員，犯了罪就有三種法律責任：刑事責任被判拘役，行政責任被處申誡，民事責任要賠償損害。不過本案朱組長的太太並沒有起訴請求賠償醫藥費。
2. 一般傷害罪，如果傷勢不重的話，都只是判個罰金。本案被害人的傷勢並非重大，不過朱組長打她好幾次，是連續犯，依照刑法第五十六條的規定，要加重其刑，因此判他拘役，可說加重判刑了。
3. 丈夫打太太，除了上述三種責任之外，是否可認定為「不堪同居之虐待」？一般情況，光偶而吵架打一次，還不能認為虐待，不能構成判決離婚的原因。最高法院二十年上字第二三四一號判例說：「夫妻間偶而失和毆打他方，致令受有微傷，如按其情形尚難認為不堪同居之虐待者，不得認為他方之請求離婚為有正當理由」。要經常毆打，至少在幾個月內毆打好幾次，才構成判決離婚的理由：「慣行毆打，即為不堪同居之虐待，足以構成離婚之原因」(二十年上字第三七一號判例)。像本案這樣打了好幾次，朱太太可以提出離婚之訴，不過這不是當然衍生的法律

責任，而是法定的離婚理由之一。

4. 太太被丈夫打傷，照樣可以請求賠償醫藥費。不過實務上很少人這樣請求。像本案這樣告到底，不願和解撤回告訴，太太可以在刑事訴訟進行中，提起附帶民事訴訟，請求賠償，否則另行提起民事訴訟請求也可以。不過有和解的意思，或者傷勢不很嚴重的話，大可不必再打這種官司。

5. 慣行毆打，才構成不堪同居之虐待。然而是否要被判刑好幾次才算呢？不以判刑好幾次為準，而以毆打的次數為準，只要能證明被打好幾次就可以了。證明的方法，不外是去醫院驗傷，找幾位證人證明。然而沒有到離婚的地步，和解撤回告訴，再給丈夫一次自新的機會才好。

三、本案的省思

1. 教育人員與公務員，都同樣要潔身自愛，在學校、在家庭、以及在社會，都要循規蹈矩。否則一有差錯，就會發生連鎖反應，三種法律責任先後上身，還有附隨的官司上門，一連串要倒楣下去，非慎重不可。

2. 很多人認為打太太是家務事，別人不應該干涉，機關學校也不能置喙，因為這是

私事。然而本案朱主任不但被判刑，而且也被公務員懲戒委員會懲處申誡。這樣處分，就表示公懲會也干預公務員的私生活，私生活不檢點，就要受懲戒：公務員服務法第五條所規定的就是規範私生活的準則：「公務員應誠實清廉，謹慎勤勉，不得有驕恣貪惰，奢侈放蕩，及冶遊賭博、吸食煙毒等，足以損失名譽之行為」。如有不正確的觀念，應該馬上改正過來，否則很快就會吃虧。

3. 打太太的根本原因，是認為太太好欺負，罵她打她都沒有關係。有些人進一步認為，太太要狠狠的打她一頓，她才不敢亂吵，才會乖乖的聽話。這種觀念非常不正確，基本原因是不尊重太太，不尊重人權。告他一狀，可以叫他覺醒。但是有的丈夫不但不覺醒，反而變本加厲，打得更兇狠。這時太太及其親戚朋友，就要想辦法來矯正這種變態思想了。

4. 夫妻吵架會養成習慣，打太太也會養成習慣，最後一定會出事。經常吵架的夫婦要特別注意了；趕快改掉不良習慣，想辦法躲開對方不跟他吵，一個銅板就響不起來了。這樣做可能會被人笑話說沒種，但是總比像本案打官司要好得多。

5. 如果丈夫暴戾成性，動不動拳腳交加，有跟他離婚的準備，但是還沒斷然決定要跟他離婚，那麼是否告他傷害告到底，非讓他判刑不可？很多人認為不必如此絕情絕性，得饒人處且饒人，丈夫有一天一定會受到感化的。如果太絕了，雙方都

意氣用事，絕不服輸，那麼婚姻家庭就亮起紅燈了。在教育機關學校做事的人，更應該言歸於好，還是留個餘地讓對方下臺較妥。否則要對方沒有面子，又要對方回到妳身邊，妳想可能嗎？

第二章

職守有虧生涯成灰

第六節　導護老師與訓育組長輪打學生

一、事實概述

高雄縣岡山鎮前峰國小老師徐正則，於八十年五月份擔任該校副總導護。同年五月三十日早上七點十分，該校三年級學生魏中和跟他六年級的姐姐魏淑君騎腳踏車上學。魏中和將腳踏車停在校門口黃線位置，被糾察隊取締。他姐姐魏淑君在旁邊看到糾察隊員的態度很不好，非常不滿，三個人發生爭執。副總導護徐正則見狀，前來責問魏淑君。魏淑君的態度很潑辣，不聽指揮，徐正則認為她違反校規，要帶她去訓導處，她憤然抗拒並大聲問：「你憑什麼管我」？徐正則忍無可忍，揮手就給魏淑君一個耳光，又叫她伸出左手，以手中所拿的指揮棒用力揮打，致其手腕挫傷。該校老師兼訓育組長吳進春據報前往處理，唯恐影響上學秩序，叫魏淑君到校長室，仍遭抗拒。吳進春見她這樣不聽話，也不可理喻，怒火中燒，即接過徐正則手中的指揮棒，毆打魏淑君的左腳部好幾下，致其左膝蓋關節部，以及左小腿皮下

瘀血腫脹，魏淑君哭哭啼啼回家去了。她的父母一看，非常生氣，帶她去醫院驗傷，馬上控告徐正則與吳進春傷害。高雄地方法院檢察官偵查時及法官審理時，魏淑君的父母親都不願意和解，徐、吳二人因此被判罰金一千元（銀元）。上訴高雄高分院後，經過很多人說好說歹，魏淑君的父母親才跟兩人和解，但是仍然上訴駁回。不過行政責任方面，公務員懲戒委員會見他們已經與學生家長和解，都給他們議處申誡，從輕處分。公懲會的議決書特別說明：「被付懲戒人囿於傳統教育而罹刑章，與一般傷害案件有異，且已與被害學生家長和解，允宜從輕議處，均予申誡」。

本案資料來源：公務員懲戒委員會議決案例要旨彙編，第四編，第一三三頁、該會鑑字第六九一七號議決書。

二、法律責任探討

1. 副總導護徐正則及訓育組長吳進春，兩個人都毆打魏淑君成傷，當然都構成刑法第二百七十七條第一項的普通傷害罪。這個罪是告訴乃論，家長提出告訴後，除非能與家長和解，才可沒事，不然要被判刑。
2. 本案在高雄高分院已經和解，為什麼不能沒事，仍然要判刑呢？因為告訴乃論之

罪，可以撤回告訴的時間有限制；要在第一審辯論終結之前，撤回告訴才有效，否則過了時間撤回就沒功效了；換句話說，縱然撤回，也不能判不受理，不能沒事了。本案就是因為在第一審以後才撤回，所以仍然要判刑。

3. 撤回告訴要把握時機，等到第一審結束以後，就沒有撤回的效益，但是也不是完全沒有用；像本案，雖然刑事不能沒有事（不能判不受理），但是行政上的懲戒，就看在與告訴人和解的原因上，從輕議處申誡。因此發生事情之後，不管時間多久，想辦法跟告訴人和解，還是有用的。

4. 本案的法律責任有三種，第一種是刑事責任判罰金，第二種是行政責任議處申誡，第三種是民事責任賠償和解。逞一時之氣憤，打一下學生，就招來這麼多麻煩，實在不值得。教育部三令五申，嚴禁體罰，怎能當做耳邊風呢？雖然申誡是最輕微的懲戒，影響前途不大，但畢竟是一個不光彩的紀錄。

5. 普通傷害罪是告訴乃論，而且是二審終結，不能上訴最高法院。這種官司有時只能在地方法院終結，不能上訴高等法院；如果經檢察官聲請簡易判決時，首先就在簡易法庭判決，如有不服，就上訴於地方法院的普通庭，判決後就確定了，不能再上訴高等法院。對於檢察官聲請簡易判決的案件，法官只能判拘役或罰金，不能判有期徒刑。因此上簡易法庭的案件，都是輕微的案件。然而判決以後，同

樣有一次上訴的機會，不過不是上訴到高等法院，而是上訴到地方法院的普通庭；然而檢察官正常起訴的傷害案件，則可以上訴到高等法院。

三、本案的省思

1. 凡是體罰，就可能打傷學生，就構成傷害罪，要吃官司，要受懲戒，還要賠償醫藥費，非常划不來。這三種程序，接續進行的結果，最少一至兩年；兩年間會弄得你頭昏腦脹，狼狽不堪，因此要設法避免。
2. 避免之道很簡單，只有一句話：「不要動手動腳」。事實上做起來可不簡單，首先要能忍耐；而忍耐是一種非常高度的修養，要有教育專業的精神，要有正確的訓育理念，要有愛心及包容心，才能修養起來。
3. 公懲會的議決書中，特別說明被付懲戒人因囿於傳統教育而罹刑章，又與告訴人和解，才考慮從輕議處申誡。傳統教育無非是權威式教育，拳頭式教育，方法不當，但是並沒有惡意，也沒有惡性，所以從輕處分，然而又不能不處分。公懲委員們這種評語，可以說明體罰是普遍存在的不良傳統，應該戒絕才好。
4. 發生事情後，有的學生家長很難講話，不願談和，不願撤回告訴。這時被告的老

師要盡量想辦法，找人與家長溝通，無論什麼時候都不要放棄洽談和解，縱然超過了一審，還是有用的。一般情況，同事、校長、民意代表、親戚朋友，多找一些人，多跑幾次，一定可和解成功的。

5. 老師或訓導人員，因為管理學生而發生糾紛，固然應該互相支援，但不能像本案一樣，用錯誤的方法支援，結果兩人都同樣犯法，同樣要受判刑懲戒及賠錢。如果支援的訓育組長使用正當的方法，開導潑辣的女生，那麼兩個人都不會挨告了。訓育組長火氣小一點，先記下魏淑君的年級姓名，叫她升旗典禮後，到訓導處去說教，或轉告她的導師處理，都可避免怒目相向，消弭衝突於無形了。

第七節　國小主任猥褻女學生

一、事實概述

本案發生於八十四年二月十八日，主角是高雄縣樟山國小老師兼分班主任，三十八歲的王建緯。

上列時間是寒假期間，學校決定各年級輪流派人到學校值日。王主任就叫返校擔任值日的二年級洪姓女生，協助他搬運學校書籍到梅山分班。王主任趁機將洪姓女生載到他的住處，加以猥褻，並叫她不要聲張。洪童回家後向她的父母哭訴，她的父親洪忠信就向梅山派出所報案。旋於翌日以誤會為由，私下和解。此事為高雄縣政府教育局所悉，組成專案小組調查。該小組於同年三月二十八日訪談王主任時，他提不出不在場證明，只說八十四年二月十七日喝酒至天亮，翌日所為何事，因酒醉已無法記憶，表示相當懊悔。並說因為長年酗酒，造成酒精性精神病，已無法任職，願意辭去教職。於是高雄縣政府於五月十六日給他免職，然後報由臺灣省政府

移送公務員懲戒委員會懲戒。

王主任不但提出申辯，又提出補充理由，歸納起來有六點：第一、本案只憑對方口述及代理校長之書面報告，不顧家長及學童之自白，違反「比例原則」。第二、縣府曾調查三次，不採用前二次調查報告，而採用最後一次經有心人士對家長及學童加強記憶及設計之不利口供，有強行入罪之嚴重行政瑕疵。第三、本案並無私下和解，沒有事實，何來和解？和解書何在？條件如何？有違依法行政原則。第四、代理校長有處理派系鬥爭之經驗，故始終完全信任其指示。八十四年三月十四日代理校長叫我到樟山國小校長室寫下辭職書，致造成生計困難，家庭瀕臨破碎。依大法官解釋，人民之生存權及服公職之權益受害時，政府應予保護，並提供一切救濟之反射利益。第五、本案係因酒醉使然，被付懲戒人為原住民，原住民閒時喝酒，乃社會平常之活動，強稱為特殊之動機與評價，有違經驗之原則。第六、本案高雄縣政府已經免職在先，再送公懲會，此乃變更身份權及被付懲戒人服公職之一切權益之重大行政處分，違反程序正義。敬請撤銷本案，以匡前開行政處分之瑕疵，以彰正義及人權等語。

公懲會委員審查高雄縣政府的調查報告，有辭職書及省立屏東醫院的乙種診斷證明書影本可憑。認定王主任有猥褻的行為，肯定樟山國小代理校長黃中和，會同

該校老師吳進坤，於八十四年三月二十一日訪談被害人洪姓女學生的談話筆錄所載：「問：王主任帶妳到他家以後，有沒有對妳怎麼樣？答：王主任叫我下車，說東西放在家裡，要我趕快進去。我進去後，他把門關起來，又叫我到房間，然後把我的褲子脫掉，開始舔我的下體。我就哭起來，他又繼續舔，然後問為什麼要哭？我說我要回家，他才停止，給我穿上衣服，叫我趕快上車，並叫我不可告訴爸爸媽媽，……」。事實證據明確，他所辯原住民喝酒是平常的活動，有違「比例原則」、「經驗原則」、「依法行政」及「程序正義」等語，都不值得斟酌。

公懲會引用教育人員任用條例第三十一條第六款及第七款的規定，認為王主任的行為違法。該條規定「具有左列情形之一者，不得為教育人員；其已任用者，應報請主管教育行政機關核准予以解聘或免職」。第六款為「經醫師證明有精神病者」。第七款為「行為不檢有損師道，經有關機關查明屬實者」。並且有違公務員服務法第五條所定公務員不得有放蕩足以損失名譽之行為，應依法酌情議處。乃議決：「王建緯撤職並停止任用一年」。這是最嚴厲的處分。對於王主任的種種申辯，公懲會都不予採信，因為他所辯的幾點，都沒有理由。

本案資料來源：公務員懲戒委員會八十四年度鑑字第七七四〇號議決書。

二、法律責任探討

1. 本案只揭示公務員的懲戒責任，沒有追訴刑事責任，也沒有揭示民事賠償。原因並不是沒有刑事責任與民事責任，而是因為王主任所觸犯的罪名是告訴乃論之罪，被害人沒有提出告訴，因此未加追究。民事問題，是當事人進行主義，被害人不起訴請求賠償，法院不能主動替他求償。事實上王主任已經與家長暗中和解，可能賠了金錢才達成和解，這樣也就是被追訴了民事責任。

2. 王主任的行為，是觸犯舊刑法第二百二十八條的「利用權勢姦淫或猥褻罪」，以及第二百二十四條第二項的「準強制猥褻罪」。前者規定：「對於因親屬、監護、教養、救濟、公務或業務服從自己監督之人，利用權勢而姦淫或為猥褻之行為者，處五年以下有期徒刑」。老師與學生之間，具有教養關係，在教養關係存續中，利用此關係對於學生姦淫或猥褻，就構成本罪。即使老師與學徒之間，只要事實上具有師徒關係，如在補習班中補習英文數學，也有師徒關係，也構成本罪（參見二十三年上字第四六六七號、二十五年上字第七一一九號、三十三年上字第二六二號、五十七年臺上字第一八四六號判例）。

3. 前者法條包括兩種犯罪行為；一是姦淫，二是猥褻。本案王主任的行為是猥褻的行為。什麼是猥褻呢？「所謂猥褻，係指姦淫以外有關風化之一切色慾行為而言。苟其行為在客觀上，尚不能遽認為基於色慾之一種動作，即不得謂為猥褻行為」（見二十七年上字第五五八號判例）。另外六十三年臺上字第二二三五號判例又揭示：「刑法上之猥褻罪，係指姦淫以外，足以興奮或滿足性慾之一切色情行為而言。若行為人意在姦淫，而已著手實行且已達於用強程度者，縱令未達目的，仍應論以強姦未遂，不得論以猥褻」。依照這兩件判例來看，王主任的行為顯然是一種色慾的行為，但是沒有使用強制力，不構成強姦未遂，也不能認定有姦淫之意，僅足以構成上列的猥褻罪。

但是要特別注意：對於未滿十四歲之男女為猥褻之行為者，應論為刑法第二百二十四條第二項的準強制猥褻罪，處七年以下有期徒刑，比前述利用權勢猥褻罪重得很多。如果姦淫未滿十四歲之女子，那是刑法第二百二十一條第二項的準強姦罪，罪刑更重，應該判處五年以上有期徒刑。本案被害人只是國小二年級學生，當然未滿十四歲。因此王主任所犯的罪名，是同時觸犯利用權勢猥褻罪及準強制猥褻罪，這是法條競合，應適用較重的準強制猥褻罪處罰。

4. 然而舊刑法第二百三十六條規定，上列兩個罪名都必須告訴乃論。但是被害人跟

她的家長都沒有提出告訴，因此統統無法追訴。原因是王主任已經與女童的家長和解了。未經告訴，檢察官就不能起訴，否則法官要判決不受理。提出告訴後，在檢察官偵查中或者第一審法官審判中，告訴人都可以撤回告訴；在偵查中撤回的話，檢察官應為不起訴處分，在審判中撤回的話，法官必須判決不受理，被告就沒事了。

要特別注意的是：刑法中像本案的妨害風化罪，已經於八十八年四月二十一日修改為非告訴乃論，並且刑度也提高：第二百二十八條原定刑罰為五年以下有期徒刑，修正為六月以上五年以下有期徒刑。準強制猥褻罪也是公訴罪，處六月以上五年以下有期徒刑（新刑法第二百二十七條第二項）。

5.本案被害女生的家長曾經到派出所報案，怎麼說沒有提出告訴呢？報案後兩天就和解，是否和解就算沒有告訴呢？什麼人有權提出告訴呢？

告訴跟報案不同；報案是報告所發生的事情，跟檢舉一樣，任何人都可以做，在法律上稱為「告發」。「告訴」則有一定的身份關係，必須是犯罪的直接被害人或者法定代理人（刑事訴訟法第二百三十二條、第二百三十三條第一項）。本案的情形，直接被害人是洪姓女童，法定代理人是她的爸爸和媽媽。「被害人雖係未成年人，祇須有意思能力，即得告訴」（七十二年臺上字第六二九號判例）。如果已經

成年，就無所謂法定代理人了。除了他們三個人之外，別人都不能挺身為他們提出告訴，否則只能認為告發。

告訴必須明白表示訴究的意思，但不必指明要告什麼罪名（見七十四年臺上字第一二八一號判例）。如果沒有明白表示要追究的意思，就不算合法的告訴。對於告訴乃論的罪，仍然要問明告訴權人是否有告訴之意。有很多案子，被害人不懂事，沒有表示要追訴的意思，警察也是訓練不夠，沒有問清楚要不要告？那就是未經合法告訴，檢察官還要問清楚告不告，才可以決定起訴與否。本案的情況，家長雖然報案，但不見得表示告訴，後來和解了，當然可以看出不告了。如果提出告訴，和解後還要寫書狀請求撤回告訴，才可以不起訴處分，如果光送和解書而未附送撤回告訴書，檢察官一定還要傳訊，問明要不要撤回告訴，才可以結案。

三、本案的省思

1. 老師的地位很清高，老師兼主任更加使人尊重。然而犯了猥褻罪，不但家長與社會人士，都會群起撻伐，全校的師生也會嗤之以鼻，以後很難做人了。本案發生後，高雄縣政府專案小組調查時，王主任就領悟這個道理，因此當場表示願意辭

去教職，寫了辭職書交給縣政府，縣政府就給他免職。但是事後沒有薪水可領了，全家生活陷入困境，他又開始後悔起來，用另外言詞說他是被迫與被騙辭職的。不過專案小組已經查明了他的違法違規行為，縱然不考慮他的辭職，縣府也可依公務員考績法第十二條第一項第二款第二目的規定，給他一次記二大過免職。這樣一來，就更加難看了。

2. 老師受人家尊敬有一定的條件，最重要的條件就是品德高尚。老師的品德，社會各界所要求的項目很多。縱然各方面的品德都很好，但是單單一件猥褻女學生的醜聞，就會毀了他的前途。男老師在這方面一定要嚴守規範，不能絲毫輕心。猥褻女學生的事件，不論有無被起訴判刑追究刑事責任，只要一送到公懲會，歷年來都是議決最嚴重的處分：撤職並停止任用一年。可見公懲會委員及一般公眾的心目中，對於這個問題的重視。各級學校的男老師，非特別小心謹慎不可。

3. 提出申辯，要針對問題說明理由，不能強詞奪理，也不要濫用名詞。本案王主任在申辯書中所提六點申辯，根本是濫用名詞並且強詞奪理。他說本案自始違反了「比例原則」、「依法行政原則」、「經驗法則」與「程序正義」。比例原則大都是適用在憲法或法律的結構上，依法行政原則是指行政人員依法裁決行政上措施，經驗法則是適用在法官的量刑上，程序正義是指訴訟程序的正當性。他是針對臺灣

省政府的移送書提出申辯，所說的那些大原則，根本是文不對題，公懲會委員只是輕描淡寫地說沒有理由不加採信，沒有達到申辯的效果。

4. 本案王主任很幸運地沒有受到刑事的追訴處罰，是因為他很快跟被害人的家長和解了，學生的家長沒有提出告訴，否則他可能要被判好幾年，非坐牢不可了。有關風化的犯罪，大多是告訴乃論，剛發生時一定要趕快解決。解決之道，就是盡量想辦法不要讓對方提出告訴。如果對方提出告訴的話，就要盡量想辦法去跟對方洽談和解。有的人較好說話，有的人就非常難說話，必須要有耐心，要低聲下氣，找很多人去說項，總有一天會談成和解。千萬不可意氣用事，一看對方口出狂言蠻橫無理，就怒目相向，僵局永遠無法打開，和解無望，就要受牢獄之災了。

5. 王主任辯說本案是因為酒醉使然，而喝酒是原住民社會平常之活動，他認為是很正當，不能給他負面的評價。這種思想觀念是大錯特錯的，拿來當作申辯的理由，實在可笑。現代的社會，根本沒有特殊族群具有特殊權利的觀念。喝酒是任何人的自由，但是喝過酒之後就不能開車，否則就是違反交通規則，就要受處罰。這是人人都要遵守的法規，不能說原住民例外不罰。跟王主任有同樣觀念的原住民朋友們，必須矯正這種不正確的觀念，不能藉這個理由酗酒，否則有一天一定會吃大虧的。這也是從本案得到的警惕之一。

現在刑法已經修改妨害風化罪為公訴罪，學校老師應該特別小心，不能沾上這一類的醜聞。

第八節　車禍！車禍！非常難過！（五案）

一、事實概述

(一)國中組長撞死人

臺北縣泰山鄉泰山國中老師兼設備組長林男英，三十八歲，於八十五年八月三日下午五時三十分，駕駛自用小客車，沿五股鄉五股工業區新道路，由北向南行駛，途經洲新路再右轉往三重方向行進中，欲自外側車道變換至內側車道。該處內側車道禁行機車，但是卻有顏養臯騎重型機車在內側車道反向行駛。林老師一時疏於注意，他的小客車左前方就撞到機車的後方，人車倒地，顏養臯頭骨挫傷，顱內出血，送醫急救不治死亡。案經板橋地檢署檢察官依過失致死罪起訴，法官判他有期徒刑六月，得以銀元三百元折算一日易科罰金，緩刑三年。林老師沒有上訴而確定。

懲戒部份，由臺灣省政府移送公務員懲戒委員會，林老師沒有提出申辯，該會

乃議決：「記過一次」。

本案資料來源：板橋地方法院刑事判決書及公務員懲戒委員會八十六年度鑑字第八三九四號議決書。

㈡教導主任撞死人

本案發生於八十一年三月二十九日下午三點五十分，案主是花蓮縣北林國小教導主任，三十七歲的張伸正。他於上列時間駕駛他的自用小客車，載著他的叔叔與叔叔的女兒，由花蓮縣鳳林鄉往花蓮市方向行駛。在臺九線二一四點二公里處，與迎面而來，由沈威信所駕駛之自用小客車相撞，致其叔叔腦部挫傷，其姪女頸骨折斷，二人都當場死亡。案經檢察官相驗後將張伸正提起公訴，法官判處罰金五千元（折合新臺幣一萬五千元）確定。以後又被公務員懲戒委員會懲戒記過一次。

本案資料來源：公務員懲戒委員會八十二年度鑑字第七〇三八號議決書、花蓮地方法院八十一年度交訴字第一三五號刑事判決書。

㈢女老師酒後駕車傷人

本案發生於八十四年八月二日凌晨一時五十分，案主是臺東縣卑南國小女老師，

三十歲的林貞麗。她於上列時間，酒後駕駛自用小客車，沿臺東市知本路，由南向北行駛。在知本路三段與四段劃有分向限制線之Y字形路口，撞上迎面駛來，由邱德輝所騎，後載洪耀星之機車，致邱德輝與洪耀星二人均受傷。案經邱、洪二人訴由臺東地方法院檢察官起訴，法官判處林貞麗有期徒刑五月，得以三百元折算一日易科罰金確定，並已執行完畢。

臺灣省政府又移送公務員懲戒委員會審議。林老師辯稱，國人喝酒開車是正常的事，伊盲目隨俗，深覺不該，非常後悔。然而對方未成年，且無照又酒後駕駛，亦應負責。車禍之後已即時送醫救治，但為了和解反目成仇。對方吃定伊為教師，態度強硬，索取一百六十餘萬元，導致被判刑，現在已以一百一十萬元與對方和解。公務員懲戒委員會認其違法事證明確，但從輕議處申誡。

本案資料來源：公務員懲戒委員會八十六年度鑑字第八二六五號議決書、臺東地方法院八十五年度交易字第七號刑事判決書。

(四)教育局課員酒後撞死人

本案發生於六十九年七月十九日晚上十二時左右，案主是屏東縣政府教育局課員柯興仁。他於上述時間酒後駕駛自用小客車，在潮州鎮延平路三四二號橋頭，逾

越道路中心線，撞翻迎面而來之機車，致機車騎士陳東湖連人帶車翻落於橋下，當場死亡。案經屏東地方法院判處有期徒刑七月，緩刑三年確定。公務員懲戒委員會議決降一級改敘。

本案資料來源：公務員懲戒委員會鑑字第五一四七號議決書。

(五)國小老師騎車撞傷人又對警員施暴

本案發生於八十五年元月十一日下午四點三十分，案主是臺中市黎明國小老師，四十歲的廖民修。他於上述時間，騎機車在黎明國小前，撞倒騎機車迎面而來的小姐呂錦鳳成傷，二人隨即發生口角。警員謝南隆前來處理，廖民修竟以左手掐住謝南隆的脖子，並以右手作勢毆打狀，經謝南隆奮力掙脫，以無線電呼叫支援。十五分鐘後二名警員趕抵現場，廖民修又出手毆打其中一名警員劉豐勝耳光二下。案經呂錦鳳告訴，警局移送後檢察官以傷害及妨害公務二罪起訴，傷害部份法官判他有期徒刑四月，妨害公務部份也判他有期徒刑四月，應執行有期徒刑八月，得易科罰金。他不服，上訴臺中高分院，但是被駁回確定。臺灣省政府又移送公務員懲戒委員會，議決記過二次。

本案資料來源：公務員懲戒委員會八十六年度鑑字第八三一八號議決書、臺中

地方法院八十五年度易字第五六四四號刑事判決書、臺中高分院八十六年度上易字第四五四號刑事判決書。

二、法律責任探討

1. 本節五名被告都有三層法律責任：第一層是刑事責任，要被判刑。第二層是懲戒責任，要受懲戒。第三層是民事責任，要賠錢。上述第一、二種責任，已受到處罰，第三種責任，是否有賠償死者家屬，在本節資料中，除了第三案之外，無法看出來。死者家屬當然可以向被告求償。不過第三案的林貞麗老師已賠償二名被害人一百一十萬元。她賠償的時間太慢，等到一審判決後才賠償，就不能免罰，如果在一審判決前賠償，告訴人撤回告訴，就可以判決不受理，可以不處罰了。第五案的老師撞傷人又毆打警察，撞傷人是一罪，是過失傷害罪，為告訴乃論；毆打警察又是一罪，是妨害公務，為公訴罪。前後打兩個警察，是連續犯。警察雖然沒有提出告訴，檢察官也將他一併起訴，因此判了兩個罪。關於兩個罪都判六個月以下，原來都可以易科罰金，但是定執行刑的結果超過六個月，原來實務上的見解，認為依照刑法第四十一條規定，是不能易科罰金的。但是以後經大法

官釋字第三六六號解釋，就可以易科罰金了。因此第五案定執行刑為八月，超過六月，還是可以易科罰金。

2. 車禍的肇事責任，跟是否違反交通規則，是兩回事。不能說死者違反交通規則，因此撞死他的被告沒有責任。以第一案說，當地內側車道禁行機車，死者卻偏偏行駛於禁行之車道，公然大膽違規，因此被撞死亡。撞他的林老師，也要負過失致死的罪責。原因是他對於肇事，也有過失責任，跟死者有無違規無關，應該分別觀察、評估其責任。第二案至第五案的肇事責任，也是兩方面的；但是只要一方面有過失，就有責任。儘管死者的責任較重，還是要負責，不但要判刑，同時要賠償。有公務員身份的人，還要受懲戒處分。第二案教導主任的車禍，自己的叔叔與姪女死亡，一定是對方的過失非常大，才會從輕判處罰金。

3. 論被告的過失責任，要從他開車的注意力著眼：儘管對方違規，仍然要注意行車的安全，有注意義務，絕對不能去撞他。一不小心撞倒他，仍然要負刑事責任。被告的注意義務，並不因為對方冒失違規而有所影響。除非是對方突然轉進來，任何人的注意能力都無法反應迴避，為任何人的注意力所不及，才可說沒有責任。至於是否為注意能力所及，當然不是說說就算了，必須經過鑑定，才能決斷。一般地說，火車的煞車距離要一千多公尺以上，如果在這個距離之內突然闖進鐵軌

上，縱然看得見也無法煞車，因此撞死他的火車司機沒有責任，因為超出他的防止能力。但是汽車的煞車距離較短，與路面也有關係，因此要經過鑑定，才可判斷其注意與防止的能力。

4. 本節有四案沒有敘述民事賠償的事實，顯然刑事判決時還沒有達成和解的協議。第一案沒有和解而能獲判六個月以下，可以易科罰金，又獲判緩刑，這是比較少有的案例；一般情形，都是和解之後，才可能判易科罰金或緩刑。顯然本案情況特殊，法官特別斟酌被害人的過失情節特別重大，林老師的過失情節較為輕微，因此從輕處分。法官在量刑時會顧及全面情況以定輕重。民事賠償時也是如此，要斟酌雙方過失的輕重比例，以定其賠償金額。

5. 第一、二案被告的懲戒責任是記過一次，第五案是記過二次，都於一年內不得晉敘、升職或調任主管職務（公務員懲戒法第十五條前段）。第四案酒後駕車，過失重大，因此降一級改敘。至於第三案的女老師僅申誡，因為她已賠償被害人一百一十萬元，且對方過失重大，又僅止於傷害，尚無死亡後果，因此從輕懲戒。關於民事賠償責任，如果撞死人，要賠償死者家屬喪葬費、扶養費、以及精神慰藉金（民法第一百九十二條、第一百九十四條、第一百九十五條）。被害人也有過失的話，依照過失相抵的原則來評定賠償金額；被害人的過失重大，要扣抵絕大

部份數額。如果僅撞傷人，要賠償醫藥費、喪失或減少勞動能力的費用，以及精神慰藉金（民法第一百八十四條、第一百九十三條、第一百九十五條）。雙方當事人如果沒辦法在刑事程序中和解，被害人可以提起附帶民事訴訟請求賠償，免繳裁判費。也可以另行提起民事訴訟，不過要繳裁判費。

三、本節的省思

1. 車禍的案子很多，可說天天都有老師、學生以及公務員發生車禍。因此交通安全，是每個學校要天天注意的功課，不但學生要注意，老師也要注意。老師發生車禍，正好給學生一個鮮活的教材，不妨讓學生知道，可作警惕。一發生車禍，雙方及其家人都非常難過，因此要小心避免。

2. 開車時一定要注意前後左右，小心謹慎駕駛，尤其在轉彎會車或變換車道時，應該特別注意，不能大意疏忽。對於不守規矩的機車、腳踏車、以及行人，要特別注意他們橫衝直撞；他們不要命，我們也犯不著跟著犯罪倒楣。特別要注意的是晚上人少的情況，絕對不能大意開快車，很多車禍都是在這個時候發生的。

3. 大凡車禍，雙方都有責任，很少沒有責任的案例。除非是被火車撞死，火車的司

機沒有責任。因為火車的速度太快了，任何人都沒辦法叫停；火車的煞車距離要一千多公尺以上，縱然看到前面有人要自殺，也無法煞車。但是汽車不同，稍微不注意，就是有過失。造成死傷，就要負過失致死或過失傷害罪責。切忌酒後開車，因為酒後注意力渙散，隨時都有危險。現在嚴禁酒後開車，酒精測試超過零點五五毫克者，以公共危險罪移送判刑，這是著眼於大家的生命安全，不可認為找麻煩。

4. 發生了車禍，一定要先抓住證據，最好將現場各個角落都照相，尤其兩車擦撞的地方要照相。有路人時，也要路人留下姓名地址，以便傳證。同時必須等待交通警察前來處理，不能跑掉。如果要將傷患送醫急救，最好也請同車的乘客送醫，自己留在現場。如果沒有別人，當然是救人第一，自己動手送醫，才不會給被害人家屬指責。如果現場弄亂了，沒辦法確認車禍發生的實況，各說各話，肇事責任就很難認定了。這是關係到刑事責任的輕重，以及民事賠償金額的多寡問題，不可不小心注意。

5. 車禍發生了死傷，一定要先向被害人及其家屬賠禮，以免增加敵意。緊接著就商談賠償醫藥費，尋求和解。最好在刑事程序中就能和解，這樣對於刑罰的量刑也有幫助；一般情形，和解之後，一定會判輕一點，可獲判六個月以下易科罰金，

甚至獲判緩刑。不然被害人可以提起附帶民事訴訟，或者另行起訴請求賠償。無論如何總是要賠償，先談和解比較好。然而有些人很不好說話，或者蠻不講理，漫天開價，無法談攏，那就不能勉強了。

第九節　總務主任處理車禍得當

一、事實概述

本案發生於八十四年七月五日，主角是雲林縣口湖國中教師兼總務主任，三十歲的施東興。

施東興主任於八十四年七月五日下午四時三十分下班，駕駛自用汽車回水林鄉的家。途經口湖鄉湖東村時，有一名老人許坪，搬了涼椅放在右線快車道上乘涼。當時對面快車道上剛好有車子迎面疾駛而來，施東興要閃避在車道上乘涼的老人許坪，就會碰上迎面而來的車子，稍一遲疑，就碰上了老人許坪。施東興趕快將傷者送醫急救，然後向警局報案自首。送醫不久，許坪即因腦震盪，下肢骨折，顱內出血，不治死亡。施東興立刻委託地方人士，與死者家屬協調善後事宜，在極短時間內即與死者家屬以新臺幣一百五十萬元協議和解。雲林地檢署檢察官以過失致死罪提起公訴，法官認為被告犯罪後態度良好，判處有期徒刑六個月，如易科罰金，以

三百元折算一日，並認為所宣告之刑暫不執行為當，一併宣告緩刑三年。被告未上訴而確定。

懲戒部份，雲林縣政府報經省政府移送公務員懲戒委員會。施東興申辯稱：車禍發生時，本可閃避在車道內乘涼的死者，但是前方車道剛好有車輛迎面疾駛而來，使他無處閃避死者，緊急煞車時，又誤踩到油門，這才不慎撞到死者。當時實非他個人所能預見與防止，縱難辭過失責任，亦屬極其輕微的過失。又車禍的地點，是在車道內，車道是車輛行駛的專用道，死者佔用車道乘涼，與車禍的發生實有因果關係，設若死者不佔用車道，車禍當可避免，因此車禍的責任不能完全歸咎於被付懲戒人。

車禍發生後，被付懲戒人立刻將死者送醫急救，同時向警察機關自首，並無逃避責任，也沒有任何損害教師形象的行為發生。另被付懲戒人立刻委託地方人士，與死者家屬協調善後事宜，立刻與死者家屬以一百五十萬元達成民事和解。整個事件自始至終，並未造成學校任何困擾，損害學校任何形象、尊嚴與立場，或破壞學校與社區之關係。又車禍是在其加班後下班途中發生，並非在執行學校公務之時發生，與學校行政無關。伊從事教職以來，品性端正，克盡職守，不遺餘力，推行學校行政與教學工作，深獲同仁、長官與家長好評，並獲上級肯定，記功嘉獎無數次，

懇請從輕懲處等語。

公懲會認為「被付懲戒人違法事證明確，其申辯書對於上開事實，亦不加否認，而其所提出之證物，除可供懲戒輕重之參考外，均不能採為免責之理由，自應酌情依法議處」。因而議決「施東興記過一次」。

本案資料來源：雲林地方法院八十四年度交訴字第一二七號刑事判決書、公務員懲戒委員會八十四年度鑑字第七八〇一號議決書。

二、法律責任探討

1. 本案施東興總務主任，同時有三種法律責任：刑事責任，已經判刑。民事責任，已經賠償死者家屬一百五十萬元。懲戒責任，已受公務員懲戒委員會懲戒記過一次。大凡觸犯身體或生命的罪，都一定同時有這三種法律責任。

2. 施東興所犯的罪，是刑法第二百七十六條第一項的過失致死罪：「因過失致人於死者，處二年以下有期徒刑、拘役或二千元以下罰金」。實務上很少判罰金或拘役，都判處有期徒刑。如果過失較重，又沒有賠償死者家屬，沒有成立民事上和解者，大都判處七個月以上有期徒刑，也不宣告緩刑，使他去坐牢。如果賠償和解，才

會判處六個月以下有期徒刑，可以易科罰金，或者判處六個月以上徒刑，一併宣告緩刑。這兩種情形，都不必去坐牢。車禍的刑事責任，在於有無過失，跟被害人是否違反交通規則無關；只要應注意能注意而未注意就有過失。本案情況，被害人佔據快車道乘涼，當然有重大過失，但是不能說他違規，就可以撞死他。駕駛人應該遠遠就注意到前面的路況，減速慢行。無奈被告速度太快，緊急煞車，又誤踩油門，這些都是過失，應該判罪。

3. 民事的賠償責任，是根據民法第一百九十二條、第一百九十四條，賠償喪葬費、死者對於子女的撫養費、以及精神慰藉金。金額多少，要有憑有據，法官才會准許，否則會酌減。撞死人一定要賠償死者家屬相當多的錢，金額多少，每個死者的情況不同，跟死者的過失程度也有關係；死者「與有過失」時，應該過失相抵，扣減賠償金額。這是法官在裁判上酌量的原則。至於私下和解，但憑當事人的意思，只要當事人雙方同意就行了。當然死者的過失情況，也可列為談判的資料。和解一成立就不必打官司，等於三審確定，節省很多時間以及裁判費與律師費，因此最好談和，雙方都好。

4. 跟和解相似的是「鄉鎮調解」。現在各鄉鎮市都設有調解委員會，調解成功了，就等於判決確定，對方不履行的話，可以聲請法院強制執行（鄉鎮市調解條例第二

十四條第二項)，比上述和解的效力還高，應該多多利用，到鄉鎮市公所請求調解；凡是民事賠償的事件，都可以請求調解，刑事案件則限於告訴乃論之罪，才可請求調解。然而刑事案件，經常有賠償損害的事件，如殺人、竊盜、侵占、詐欺等等，都可以請求調解賠償其損害。告訴乃論之罪，如傷害、毀損、譭謗、通姦等，更可以同時請求調解民事賠償，以及刑事和解撤回告訴。調解成立的話，民、刑事同時解決，有公務員身份的人，如果縣政府不報請省政府移送公懲會，就不會受懲戒了。一般情形，沒有刑事判決的話，縣府省府是不會報公懲會的。不過這是限於告訴乃論之罪，沒經過法院判罪才可以，公訴罪只可解決民事賠償問題。

5. 關於懲戒責任，只要公務員犯罪被判刑，就可認定他違法，應該依照公務員懲戒法第二條受懲戒。縱然沒有犯罪，凡是可以認定違反公務員服務法者，也一樣要受懲戒。犯了罪，一定可以扣得上違反公務員服務法第五條所定的條款。這些條款是違背誠實、清廉、謹慎、勤勉、以及概括規定有「足以損失名譽之行為」。凡是犯了罪，一定有違背誠實謹慎勤勉等準則，並且有損名譽。以本案情況而論，就是違背謹慎的準則，也不能說完全沒有損害到名譽。因此公懲會還是給他懲戒，不過顯然是從輕處分。

三、本案的省思

1. 交通安全，是各級學校所推行的運動。老師要學生注意交通安全，老師當然要以身作則，千萬不要發生事情。學生走路要注意來往的車輛，騎腳踏車要注意行人、機車與汽車。老師開汽車，當然要注意行人與車輛了。車子越大，危險性越高，開汽車的危險性最高，一旦發生車禍，一定車損人傷，甚至車毀人亡。這種事情不能嘗試，不可掉以輕心。

2. 本案是死者擋路，才被撞死。死者實在荒唐，搬個椅子佔據快車道上乘涼，簡直是在找死。世界上像這樣荒唐的人物很多，社會才不能寧靜。然而本案被告並不因為死者的荒唐而沒事，原因是過失責任要個別認定；開車的人是否有責任，要看開車的人是否有過失，與死者是否有過失無關。施主任的過失是沒有煞住車，致撞上死者。死者在馬路上納涼，施主任應該在幾百公尺之前就看到；如果沒看到，就有過失。對面有車子過來，遠遠就可以看到，應該作應變的準備；如果沒看到或者沒作應變的準備，也有過失。再者要踩煞車竟誤踩油門，也有過失。有這些過失，當然要負刑事責任了。可知開車時，一定要專心，絕對不能分心；一

分心就沒注意到路況，就有過失，就有刑責了。

3. 很多人在慌亂中，要踩煞車時，卻誤踩油門，因此造成車毀人亡的慘劇。這種現象，值得我們警惕。警惕的方法，是平時要練習沉穩，處變不驚。這種功夫，不是臨時可學好的，是要長久練習的。如果碰到急難時就慌了手腳，只會壞事，並且會造成禍害。

4. 車禍撞死人，同時要負三種法律責任，要像本案這樣，趕快跟死者家屬談賠償和解，不能不理死者家屬。否則日久會生變，死者家屬強力反彈，把很多過錯都加在被告身上，變成非常可惡的人，讓被告非常困難答辯，將來要想和解，就不容易，判刑就不可能很輕；想判六個月以下有期徒刑易科罰金，或判緩刑，就不可能了，只好被判重刑去坐牢。本案處理得當，判了徒刑可易科罰金，又給他緩刑，不用坐牢，也不用受罰。

5. 交通規則人人要遵守，宣導的最好方法是給學生看實例。本案是給學生宣導交通安全的最佳實例，應該當成活的教材，給學生說明，讓學生產生警惕。不能認為老師發生了交通事故撞死人，是一件很沒面子的事，不要給學生知道，要想辦法遮掩起來，這種觀念是錯誤的。學生發生了車禍，受了傷或者死了，也要給學生知道；這是最好的機會教育，想要找都找不到的現實教材。尤其車禍現場，能給

學生看到最好；目睹血淋淋的現場，甚至看到血肉糢糊的慘狀，包管學生長大以後開車會很小心。

第十節　屬下犯上不可原諒（四案）

一、事實概述

(一)教育局課員杯葛考績不公

本案發生於六十二年間，案主是臺南市政府教育局課員蔡文輝。他於六十一年度內，曾因拒受禮金禮品，臨財不苟，經市政府記功一次。然而年終考績，竟列為乙等。他認為教育局長考績不公，不俟核定通知後申請覆議，即於核定前分別向臺灣省政府及行政院投書，請求給予行政補救措施，並向新聞記者透露此事，經報紙披露。案經臺灣省政府移送公務員懲戒委員會，議決記過一次。

本案資料來源：公務員懲戒委員會鑑字第四四三三號議決書。

(二)主計佐理員侮辱主任

本案發生於六十三年元月至三月間，案主為臺北市西松國中主計佐理員鄭毅夫。他平時就與主計主任不睦，於上列時間，在辦公室當眾惡言辱罵主計主任王漢光，並摔算盤，拍桌子，又抱出兩捆六十二年十二月份原始憑證，朝桌子上用力摔去，叫主任自己去核對。他平時不肯登記傳票，公事一壓五、六天。六十二年十二月憑證，拖延至六十三年三月份始予送出。案經學校呈報臺北市政府，市政府派員調查時，兩次約談，均不置理，移送公務員懲戒委員會。該會認為鄭員乖張成性，罔顧法紀，核與公務員執行職務，應謹慎勤勉，不得無故稽延之規定，顯然有違，議決應降二級改敘。

本案資料來源：公務員懲戒委員會鑑字第四五四二號議決書。

(三)主計佐理員告主任

本案發生於六十三年間，案主為臺北市大同國中主計佐理員崔育先。他因為曠職、被扣薪水又受記大過處分，竟先後控告該校主計主任雷竟成不予分配工作，校長與人事主任勾結市政府人事人員陷害忠良，藉曠職為由，剋扣薪水等語。經臺北

市教育局主計室派員查明其所控各節均與事實不符，崔育先也無法提出事證以實其說，顯屬濫控，乃簽報臺北市政府移送公務員懲戒委員會懲戒。該會認為其違失之咎，委無可辭，議決應降一級改敘。

本案資料來源：公務員懲戒委員會鑑字第四六六六號議決書。

(四)少年輔育院教務組長藐視長官

本案發生於七十八年七月至七十九年底，案主為桃園少年輔育院教務組長陳正堯。陳組長與院長不睦，時相衝突。院長乃蒐集其藐視長官等違失情形，呈報法務部，由該部移送公務員懲戒委員會懲戒。移送之事實有八點：一是七十八年度研究發展項目，由陳組長撰寫，竟不按時送交。二是陳員掌理圖書室業務，應督導管理員楊萬協填造目錄陳報上級，竟置之不理。三是該院導師古嘉裕將於七十九年五月一日退休，院長於七十九年二月底，徵求各方意見後，認為訓導組導師游順富適合接任，即由訓導組通報相關人員。詎陳組長認為應由人事室通報始合程序，拒絕蓋章，被誤會為不要游員，竟至院長室大聲指責院長：「為什麼說我不要游順富」？態度粗暴，言詞惡劣。院長乃召集祕書、總務組長、會計室主任、人事室主任等人到場，陳組長仍以尖刻言詞譴責院長。四是陳員之妻在桃園縣議會任會計，陳員竟

唆使其妻，央請議員質詢收回院用土地。五是七十九年五月導師劉憲明獲悉考績未列甲等，竟陪同劉憲明至院長室大吵大鬧。陳組長一直以粗暴之態度與惡劣言詞相向，無視紀律與倫理。六是七十九年九月十四日舉行院務會議時，不滿院長處理臨時動議，竟當眾口出惡言犯上。七是七十九年九月廿四日動員月會時，司儀喊起立口令，陳組長竟安坐不動。八是陳組長當選國民黨分部常委，於同年十一月二日宴客八桌。竟利用職權，要求廠商與其他同仁負擔全部餐費。經公懲會調查後，認為第一點其研究報告已於七十八年八月送交，因時值法務部修法，因此遲交一月，該報告並蒙法務部嘉獎，此部份不應處分。第四點縣議員質詢收回院方土地一節，係里長及學生家長所提供之資料，與陳組長夫婦無關，對於輔育院亦未造成損害。第七點動員月會時，陳組長係因一時身體不適，站立不及，致被誤會，應毋庸議。此外五點所列違失之咎，應無可辭，乃議決記過二次。

本案資料來源：公務員懲戒委員會八十年度鑑字第六四九八號議決書。

二、法律責任探討

1.公務員服務法第四條第二項規定：「公務員未得長官許可，不得以私人或代表機

關名義，任意發表有關機關之談話」。第二條但書規定：「但屬官對於長官所發命令，如有意見，得隨時陳述」。本節第一案，蔡文輝不但隨便向臺灣省政府及行政院投書，又向記者發表抱怨不滿的言詞，就是違背第四條的規定。他本來可以依第二條規定，隨時向長官陳述意見，也可以在收到通知後，依法提起申訴。申訴的方法，就是依公務員考績法第二十三條（舊法第十七條）規定，於收到通知後三十日內，提起復審與再復審：不服本機關核定者，得向其上級機關申請復審，其無上級機關者，向本機關申請。再不服者，得再向銓敘部申請再復審。復審或再復審，認為原處分理由不充足，有變更考績等第必要時（即復審有理由時），可報請銓敘機關核定；如果復審、再復審沒有理由，原處分沒錯，就駁回其申請。第二十三條雖然規定，年終考績列丁等或專案考績受免職者，得申請復審，沒有包括不服其他等第在內。但是實際上，各機關都受理各種復審之申請。各級學校也都設置教職員申訴評議委員會，受理有損權益之申訴、再申訴（教師法第二十九條、第三十一條）。有合法管道可循，就不應該胡亂投書濫告了。

2. 八十五年十月十六日，總統又頒行「公務人員保障法」，進一步保障公務員之權益。最重要的是權益損害之異議權；有復審、再復審，及申訴、再申訴。復審、再復審，是對於服務機關所為之行政處分，認為違法或不當，致損害其權利或利益者，

得提起復審。不服復審者，得於收受復審決定書之次日起三十日內，向公務員保障暨培訓委員會提起再復審（公務員保障法第十八條、第十九條）。申訴與再申訴，是對於服務機關所提供的工作條件及所為之管理，認為不當者，可向本機關提起申訴。不服申訴者，可向公務人員保障暨培訓委員會提起再申訴（第二十三條）。但是依該法提起復審、再復審者，不得再依其他法律提起訴願再訴願或其他類此程序——如前述考績法之復審、再復審（該法第三十四條）。以往盛行投書濫告，這樣就會被公懲會懲戒。現在已經有多種申訴、再申訴管道，如果再魯莽濫告，更非受到懲戒處分不可。

3. 像第二案至第四案那種屬下犯上的案例，到處都有。受侵犯的長官大部份都隱忍下來，沒有呈報上級移送公務員懲戒委員會懲戒。如果呈報移送，一定會受到懲戒的。因為頂撞長官，甚至指責、侮辱長官的行為，都是違反公務員服務法第五條所定的應誠實謹慎及不得驕恣之規定，都是違法的行為，應受懲戒的。所受的懲戒，以本節的四個案例來說，至少是記過一次，也可能降二級處分。降級處分，除了降其職級改敘以外，二年內不得晉敘、升職或調任主管職務（公務員懲戒法第十三條第一項）。被記過的人，也是一年內不能晉敘、升職或調任主管職務（同法第十五條）。此外，受降級與記過的人，對於考績獎金也大有影響：在不得晉敘

期間，考績雖然列甲等或乙等，均不得發給獎金，也不能取得升等任用資格（公務人員考績法施行細則第十條第二項）。可說實質上受到很大的損失。

4. 像第一案以投書方式，向省政府、行政院、監察院或總統府等上級機關濫控，可能會牽涉到誣告的問題。然而誣告罪的構成要件很嚴格：第一，必須明知不實，乃捏造事實濫告。第二，必須表明有使人受刑事或懲戒處分的意思。第三，向有處分權的機關控告。有刑事處分權的機關是法院檢察官或警察機關，有行政上懲戒權的機關是上級行政機關。向這些機關投遞書狀，當然就可認定有使人受刑事或懲戒處分的意思。然而並不是所告的事情查無實據，就可認定為誣告；如果是道聽塗說、誤會、或認為有此嫌疑，都不構成誣告罪。關鍵性的問題，在於誣告的犯意如何證明，其重心問題則在於證明他明知不實。這個問題比較困難，因此要成立誣告罪並不容易。像第一案只是單純的報告或抱怨，還不構成誣告罪。第三案主計佐理員濫告主記主任陷害忠良，剋扣薪水等事，還要進一步證明他明知不實而控告，才可成立誣告罪。要證明他明知不實，只有他本身的親自經歷才行。他誤會為剋扣薪水，還是不成立誣告罪。

5. 像第二案的主計佐理員在辦公室當眾侮辱主計主任，第四案的教務組長時常頂撞、謾罵院長，是否構成刑法第三百零九條的公然侮辱罪？一般的見解，是要在公共

場所或公眾得出入的場所侮辱人；「足使不特定人或多數人，得以共見共聞」，才可以構成（三十年院字第二〇三三號，以及第二一七九號解釋）。在辦公室內罵人，能夠聽到的人只是「特定」的辦公室同事，其他「不特定的外人」不能進來聽到。因此在辦公室內罵人，不構成公然侮辱罪。然而並不是完全沒事，還是有違警責任及考績責任。社會秩序維護法第八十五條第一款規定：「有左列行為之一者，處三日以下拘留或新臺幣一萬二千元以下罰鍰：一、於公務員依法執行職務時，以顯然不當之言詞或行動相加，尚未達強暴脅迫或侮辱之程度者」。第八十七條第一款規定：加暴行於人者，處三日以下拘留或新臺幣一萬八千元以下罰鍰。這兩種情形，因為都可處以拘役，警察機關不能逕行處分，而必須移送轄區法院的簡易法庭，裁定處罰之（同法第四十五條）。

公務人員考績法施行細則第十三條第一項第二款第二目後段規定：「誣陷、侮辱同事，事實確鑿者」，可記一大過。第十四條第一項第二款第六目：「侮辱、誣告或威脅長官，情節重大者」，可以一次記二大過；且依公務人員考績法第十二條第一項第二款第二目，一次記大過二次者，免職。因此行為乖張，按其程度及情況，有三層的處遇。

三、本節的省思

1. 屬下犯上，問題與原因很多，不能一概而論為屬下的錯誤。然而是非自有公論，不能魯莽行事，畢竟有倫理原則要遵行，否則會受到批判指責。目無長上的人，大家會對他敬而遠之，不敢跟他說真心話，更不敢跟他做朋友，在同事之中變成異類，大家會事事迴避他，使他在校內及校外都孤立起來。這是很不好受的事，以後事事得不到關心與幫忙，無形中失去了很多利益，這都是自己的態度惹來的禍害，讓人家對他另眼相看。

2. 做人的基本原則，是要尊重別人。德國憲法第一條，就昭示人的尊嚴是至高無上，不可污衊的。尊敬別人，人家才會尊敬你；互相尊重，社會才會和諧。會跟長官公開計較、膽敢謾罵長官的人，一定是性格粗魯、不懂得尊重別人的人。而這種性格粗魯、桀驁不馴的人，一定會不斷惹來很多麻煩。不但會受到不同程度的處罰，更會阻礙了升遷的機會。正如俗話所說：「喜歡打鬥的公雞，一定會不得好死」。因此脾氣暴躁、喜歡罵人的人，一定要改造自己的性情，自我節制。不然在無形中，會被自己的不良個性所害，前途很難發展。

3. 做長官的人，要有容人的雅量，不能睚眥必報，跟大部份同事為敵。這樣就很難領導同仁了，這個長官位置就不能久坐了。然而碰到個性特別的部下，時常無理取鬧，也要有一定的魄力整治對付，不能視而不見，不聞不問，讓人家看成軟腳蝦。然而要改變一個人的態度與觀念，並不是容易的事，可以使用「漸進法則」：第一步，親自找他懇談，或請人找他說話。第二步，找人給他警告。第三步，給他記小過或大過。第四步，才呈報上級移送公務員懲戒委員會懲戒。這樣做法，大家都會認為合情合理，不會有人批評長官的是非了。

4. 如果長官的為人非常跋扈剛愎，無法溝通理喻，做屬下的人也犯不著跟他惡言相向，應該保持應有的謙恭姿態，向他解釋說明。須知長官態度傲慢，大聲喝叱，如果你也不甘示弱大聲謾罵回應，人家會說你不對，不會說長官不對。你不謾罵回應，態度照樣謙恭，人家才會說長官過分，同時長官也不會再借題發揮，又可以消弭火藥味。否則針鋒相對，以後辦公室就變成戰場，上班變成戰爭，時時精神緊張，心情鬱悶，生活無味，實在沒意思了。這種長官你不必跟他對抗，一定做不久就會下臺，何必賠掉自己的前途跟他打對臺呢？

5. 最近歐美國家倡導提升「情緒智慧」，以改造個人的性情與人格結構，促進人際關係與工作效率。情緒智慧(Emotional Intelligence)，實際上是中國人所講的品德修

養，直接關係個人的事業與前途。每一個人都要講究修鍊情緒智慧，才能更加適應環境，做好事情，使自己在穩定中生活得很愜意。有的人很聰明，能力也很強，但是情緒不成熟、不穩定，就做不了大事，成不了大業，就是因為情緒智慧太低的緣故。教育人員的職責在陶鑄學生的健全人格，首先必須健全自己的人格，而其首要工作，乃在培養高超的情緒智慧，才能完成樹人的使命。待人處事，絕對不能情緒化，一情緒化就失敗了。

第十一節　有虧職守難辭其咎（六案）

一、事實概述

㈠主任不依規定公開比價

本案發生於八十年二月至四月間，案主是省立大甲高中教師兼美工科主任，五十歲的王良民。

臺灣省政府教育廳於八十年二月四日委託大甲高中印製「結合社會人力資源，促進教育發展」宣傳手冊兩萬本，合理總價為五十萬一千元，依教育廳令頒各級學校之「臺灣省教育廳營繕工程暨購置定製變賣財物內部審核程序」之規定，應辦理公開比價及公告驗收程序。但是該校校長王建昌，指定王良民主任全權辦理，並授意他逕行洽請熟識之豐國印刷股份有限公司負責人蔡新貴，以總價八十四萬元承包印製，使他獲取三十三萬九千元之不法利益。同年四月二十六日，教育廳再函請大

甲高中編印「臺灣省教育施政宣導系列叢書」一萬套，王校長與王主任仍以超乎一般合理價格二百八十萬元，交予蔡新貴承印，使他獲取十三萬三千元之額外不法利益。案經臺灣高等法院臺中分院以對於主管之事務直接圖利罪，判處兩人各有期徒刑六年，褫奪公權三年，圖利所得新臺幣四十七萬二千元應連帶追繳發還臺灣省教育廳。二人都不服，上訴最高法院。在刑事判決未確定前，公務員懲戒委員會先對王良民主任進行審議，認為他違反公務員服務法第五、六、七條之規定，事證已甚明確，無停止審議之必要，議決懲處降二級改敘。

本案資料來源：公務員懲戒委員會八十五年度鑑字第八一八三號議決書、臺灣高等法院臺中分院八十三年度上訴字第一三八七號刑事判決書。

(二)組長主任未即時償還貸款

本案發生於七十七年八月至七十八年二月，案主是成功大學醫學院附設醫院總務部出納組組長，三十五歲的黃宗先；總務部會計主任，五十九歲的董誠德；總務部事務組組長兼代總務部主任，三十三歲的謝南輝。本案係監察院彈劾，移送公務員懲戒委員會。原彈劾文及議決書之事實理由長達二十多頁，茲摘要如下：

審計部於七十八年十月間，派員抽查國立成功大學附設醫院作業基金七十八年

度之決算時，發現七十八年度預算編列國庫增撥款十億五千九百二十三萬元，供該醫院償還興建之貸款，經國庫分別於七十七年八月廿七日，及七十八年二月三日，各撥入五億二千九百六十一萬五千元。但是該醫院第一次竟延宕四十七日，於十月十三日始償還貸款，第二次延宕二十四日，於同年月廿七日始償還貸款，無利息收入，而增加利息支出達六百餘萬元，公帑損失頗鉅，相關人員及主辦主計人員難辭其咎，應予追究責任。教育部遂命成功大學查辦，成大乃對於成大醫院資料供應部主任程本魁、總務部組長兼代主任謝南輝、總務部組長黃宗先、會計主任董誠德等四人，各申誡一次。審計部認為教育部並未對於財務損失責任加以追查，乃函送監察院，提起彈劾案。

被付懲戒人謝南輝申辯略稱，當時伊為事務組長，與會計出納並無隸屬關係，對本案之處理過程，既未參與亦無權過問，自亦全不知情。案發時伊已兼代總務部主任，因體察若無受任何處分恐無法迅速結案，因此自動提出願受處分，以示負責，遂受申誡一次。黃組長與董主任都辯稱，本案借款單位是成功大學，須簽報校長核可後再製作支出傳票，再由出納組開立支票償還貸款。行政程序，必須知會醫學院會計室，呈醫學院副院長、院長、校本部會計室、總務處、校長。因為醫學院副院長加簽擬動用其中六千六百萬元以購置急需之設備，校長批示另案報部。會計室與

上級協商，結果不能動用，乃辦理還款手續。確實遲延增加利息支出。惟每個程序必須經各級人員核章，所佔用時日，實非伊二人延宕，由其二人負責，有失公平允妥。實為文書處理之流程，並非業務單位及會計單位積壓拖延等語。

公務員懲戒委員會審議後，認為簽報的行政程序，當然需要時日，固然不能算為遲延；然而監察院以撥款後至還款之日計算遲延；第一次相隔四十七日，第二次相隔二十四日，認為遲延四十七日與二十四日，顯然太偏。然而第一次撥款後，校長依副院長的擬議，批示呈報教育部請示可否動用其中六千六百萬元，以購置急需之設備，其餘四億六千三百六十一萬五千元，就應該先償還貸款。竟俟會計室與上級協商不獲准許以後，才辦理整筆五億多元償還手續。校長於九月廿四日星期六批示，廿五日為星期日亦為中秋節，廿六日補假，都應該扣除。但出納黃組長於十月一日才辦理「支出證明書」；廿七日至三十日四天，顯係無故遲延。因此承辦人會計主任董誠德與出納組長黃宗先，有遲延四天之疏失。黃組長作成支出證明書後，會計主任董誠德應立即製作「支出傳票」；院長於十月五日星期三已核定，十月六日應可作成支出傳票，竟遲至十月十三日始作成支出傳票；自十月六日至十二日，董員有七天之疏失，合前述四天之遲延，共計十一天，應併受懲戒。第二次撥款，其償還日期為二月十八日，審計部及監察院均誤為二月二十七日。因層轉核章至二月十七日核定，翌日即償還之，並無遲誤，無違失情事。黃、董二員遲延四日之部份，情節尚輕；但董員另外遲延七天部份，情節則較重。至於事務組長兼代總務部主任謝南輝，僅因總務部主任請假三小時而代理主任三小時而已，本案自始至終未參與其事，查無違法失職情事，公務員懲戒法又無因自願而予懲戒處分之規定，因此謝員應不受懲戒。乃議決：董誠德記過二次。黃宗先記過一次。謝南輝不受懲戒。

本案資料來源：公務員懲戒委員會八十一年度鑑字第六六四三號議決書。

㈢教育局辦事員未查明高球場占有公地

本案發生於七十七年間，案主是屏東縣泰山國小教師兼主任李義信。他當時尚在該縣石門國小任教師，被借調至屏東縣政府教育局體健課服務，負責辦理高爾夫球場設立申請之受理事務。當時有南屏公司籌設南天高爾夫球場，提出之設立許可申請書及水土保持計畫書，夾雜國有土地，尚未經國有財產局等權責機關同意，欠缺同意使用之文件，即納入開發範圍，未查明占用公地之事實，蒙蔽實情，簽報上級，獲准發照開發施工。刑事部份，雖然被檢察官以圖利他人罪提起公訴，但經屏東地方法院及高雄高分院分別判決無罪，但經檢察官提起第三審上訴，尚未確定。然而公務員懲戒委員會，仍然認為李義信違反公務員服務法第五、六、七條之規定，

將他記過二次。

李義信不服，聲請再審議。略稱：南天高爾夫球場之開發，係在取得設立許可後，再據以申請雜項執照，而執照之審查、核發及開工、施工管理等事宜，均與教育局體健課無關，且該球場整地時伊已離開教育局回學校任教，何來違失？適用法規顯有錯誤。其刑事部份已經一、二審判決無罪，認定無圖利之事實；無圖利又無蒙蔽行為，原議決認定事實與刑事判決相異。又發現新證據：該球場申請使用之私有地三筆，申請時為山坡地保育區農業用地，以後編定為山坡地保育區憩用地，申請人提出申請時未取得使用同意書，教育部亦未核准，財政部代表亦宣稱申請範圍無國有土地，屏東縣政府核發之雜項執照亦未列入國有土地。因此伊不應負任何行政疏失之責任等語。但是公懲會認為再審議無理由，駁回之。

本案資料來源：公務員懲戒委員會八十五年度鑑字第七八六五號、同年度再審字第六四二號議決書、屏東地方法院八十四年度訴字第八十八號刑事判決書、臺灣高等法院高雄分院八十四年度上訴字第一五九二號刑事判決書。

(四)屋頂落石擊傷學生——校長總務主任事務組長都有責任

本案發生於八十三年九月二十六日，案主是臺南市勝利國小代理校長之教務主

任，五十二歲之劉浩；總務主任，五十九歲之楊憲明；與教師兼事務組長，四十八歲的林美玲三人。

勝利國小因為拆建北棟二樓老舊教室屋頂工程，屋頂大量的磚石砸穿一、二樓之間的樓板，而掉落一樓教室內，擊傷了二年十班五名學童，經家長告到監察院。監察院認為代理校長劉浩，總務主任楊憲明，事務組長林美玲都未善盡職責，未注意學校工程施工之安全，以作好安全防範措施，有嚴重疏失，提出彈劾。其違法失職之事實略為：第一，未一併將樓下五個班級遷移至其他教室上課。第二，施工地區圍籬簡陋，無法防止學生進入。第三，未落實職務代理制度；肇事當天自代理校長至一級主管，未有一人在校。總務主任之職務代理人為事務組長林美玲，而當天上午林美玲並未切實執行代理職務，以致承包工人進入校園施工時，應注意而未注意，亦未親赴施工現場制止，或作任何安全防範措施。第四，學校縱容建築師未依契約指派監工常駐工地。第五，學校未與承包商於契約訂明，不准於學生上課時施工。第六，施工現場堆置桌椅壁櫥，已被砸損，對於校產未善加維護管理。

公務員懲戒委員會認為該二樓教室係拆除重建，並非簡單翻修屋頂，代理校長、總務主任未於開工前將地下五間教室學童遷往他處上課，仍讓學生在圍籬以內之危險地帶作息，因而發生磚石砸傷五名學童之意外事故，自屬未善盡照顧學生安全之

責。又依監察院調查報告記載，當日上午第二節課時即有吊車進入校園施工，至十一時許發生磚石砸穿二樓地板擊傷學童之意外，可見林員並未隨時至工地巡視，且大型吊車行進時噪音甚大，竟未即時查覺制止，或即時遷離學童，亦難辭疏失之責。因認三人疏失行為俱堪認定，違反公務員服務法第五條應謹慎、第七條應力求切實之規定，遂議決：劉浩、楊憲明、林美玲各記過一次。

林美玲組長不服，聲請再審議。略稱：該校與包商之協議書，已寫明學生上課時絕不工作。肇事當日，伊事前即去巡視工地，並無動工之跡象；回到辦公室後，即忙於處理公事，且又與工地遙隔，爾後確未看到、亦未聽到有工人前來工作，否則當予立刻制止，便不會發生悲劇。但是公懲會認為不合於聲請再審議之規定，議決駁回。

本案資料來源：公務員懲戒委員會八十三年度鑑字第七四九三號議決書、八十四年度再審字第五三六號議決書。

(五)教育局辦事員高價採購獎品

本案發生於六十七年四月間，案主為臺北市政府教育局辦事員鄧祖禹。他負責承辦採購補助各學校體育活動獎品雙錢牌毛巾一萬條，每條單價二十元。然而該品

牌毛巾每條市價僅十二元零八分（包括加工印字），每條高於市價七元九角二分，虛耗公帑七萬九千二百元。公務員懲戒委員會認為他執行職務有欠切實，違反公務員服務法第七條之規定，議決降二級改敘。

本案資料來源：公務員懲戒委員會鑑字第五〇八七號議決書。

㈥總編輯索取履約金中飽

本案發生於六十九年十二月，案主是臺灣書店總編輯魏勝剛。他於六十九年十二月二十八日，趁該書店總經理公出，暫代其職務，保管其印章之機會，擅自以該書店名義，與勳業企業公司簽訂金額高達一千零五十萬元之合約，並收取履約金五十萬元，立有收據。但是該公司負責人施金耀因未取得正式收據而向該書店查詢，據告並無其事，始知受騙。施金耀急向魏總編輯討回五十萬元無著，憤而自殺。公務員懲戒委員會認為魏勝剛擅權圖利，且加損害於人，有違公務員服務法第六條之規定，違失情節重大，議決應予撤職並停止任用五年。

本案資料來源：公務員懲戒委員會鑑字第五五七九號議決書。

二、法律責任探討

1. 本節六案，都是有虧職守，違反公務員服務法第七條「未力求切實」之規定。第一案王主任未依規定比價，第五案教育局辦事員高價採購毛巾，都使廠商得利，另外觸犯同法第五條未謹慎、第六條假借權力以圖他人之利益之規定。這六個案子，除第一案之外，都只是追究懲戒責任，沒有追究刑事責任。公務員懲戒委員會所議決的懲戒處分，輕者記過一次，重者降二級改敘及撤職並停止任用五年，可說都很重。

2. 第一案，因為未依規定比價、議價及驗收，以高於市價委由熟識之廠商印刷，因而被臺中高分院依圖利他人之貪污罪，判處有期徒刑六年，褫奪公權三年，追繳所圖得之利益新臺幣四十七萬二千元。懲戒部份為降二級改敘。然而第五案高價採購毛巾一案，僅有懲戒處分亦為降二級改敘，未見其移送法院判處罪刑。此乃追訴的問題。似此以高於市價甚多的價格採購毛巾，很難說他不知道市價如此，客觀上顯然有圖利他人的認知，應該也會構成貪污治罪條例第六條的圖利罪。然而沒有移送檢察官偵查起訴，即無從判刑。

3. 第二案會計出納未即時償還貸款，致增加原貸款利息的支出達六百多萬元，增加國庫的負擔，一般人都會認為應該負遲延責任。然而正當的行政程序，並沒有考慮到，這是不公平的。但是公懲會逐日核對，仍然查出確實遲延了四天及十一天，還是有違公務員服務法第七條未切實執行職務的規定，仍然要受記過處分。不過代理總務部主任的事務組長，雖然自願受處分，但是公懲會查明他自始至終都沒有參與其事，因此議決不受懲戒，非常公平合理。他原來在成大所受的申誡處分，也應該撤銷。

4. 第四案拆除舊教室，事先未通盤考慮到一、二樓學生的安全，致二樓的磚石穿過樓板擊傷一樓的學生。事情當然是意外，但是考慮不周也是事實。應該負責的人，從校長、總務主任到事務組長，都難以推卸，都應該受懲戒。他們三人仍然辯稱建商違約，或稱出差不在，或稱已經巡視，都不成為理由。事先沒注意，拆除作業進行中又沒人在現場監督，因此擊傷五名學生，就難逃過失責任了。這種情形，構成過失傷害罪（刑法第二百八十四條第一項），不過這是告訴乃論，學生與家長都沒提出告訴，由學校妥為善後，使家長滿意就好了。

5. 第五案高價採購毛巾，很容易使人覺得利用機會圖利，有貪污治罪條例第六條第一項第四款對於主管之事務直接圖利罪，可處五年以上有期徒刑。是否成立該罪

名，重心問題在於如何圖利？圖利多少？不能說價錢超過市價，就是圖利自己或他人了。不過教育局並沒有移送法院偵辦刑責，避免一場官司。第六案臺灣書店總編輯也是公務員，自行巧立名目，索取履約金，害得商人自殺，顯然是利用機會詐財，應該構成貪污治罪條例第五條第一項第二款的貪污罪，可處七年以上有期徒刑。然而教育廳並沒有移送法院偵辦。

三、本節的省思

1. 本節六個案子，都是有虧職守，最少牽涉到懲戒處分，嚴重的話，可能牽涉到貪污罪。因此公務員一定要小心謹慎，不能有虧職守。怎樣才可無虧職守呢？簡單的一句話，就是腳踏實地好好完成工作就對了。每個公務員都有自己的崗位工作，認清自己的職位與角色，不貪不取、不偷不懶之外，還要盡到注意的義務，防止損害的發生；說起來是非常廣泛的。

2. 第一案的美工科王主任，年已五十，竟然說他不知道印刷東西要公開比價及驗收。如果說的是實在話，那就曝露了老師與公務機關的嚴重隔閡；行政命令未能普遍宣達，老師也根本不管行政法令，一直以自己的老觀念行事。等到發生問題，吃

了悶虧，自己還莫名其妙。這是很普遍的現象，也是很嚴重的事。上級教育行政機關，應該設法輔導；最好在委託印製的公函中，一併說明要辦理比價公告及驗收，將結果陳報，這樣就不會出事了。

3. 像第二案攸關機關貸款還款的案子，會計出納與機關首長都要特別小心，儘快處理。一旦出了差錯，一定會挑毛病。在行政程序上說，要一層層蓋章，公文旅行需要相當時日。然而一般人可不這樣想；他們根本不管什麼程序，只怪國庫多付了六百多萬的利息，承辦人非受嚴厲的懲戒不可。像監察院的移送書，就是以撥款與還款的時間相減，就認為是遲延的時間，根本沒有考慮到簽報的行政程序。這一點可以讓會計出納們注意研究此類公事的處理，如何合法且快速化，以免遭受無妄之災。

4. 借調到教育局辦公的老師，都是優秀老師，是具有專門技能或特長的老師，像第三案的李主任一樣，有體育方面的特長。但是經辦高爾夫球場的受理申請事務，本來是高度爭議的事務，知道內情的人，無不視為畏途。主要原因是利益團體在競爭；一點芝麻小事，會被誇大成天大的事，打擊周邊的人。承辦人則是靶心，當然會被扯上去清算一番，因此非得毫無瑕疵不可。李主任認為他的工作只是受理申請，只要將申請人送來的資料文件，轉送到教育部就可以。殊不知這種想法

是大錯特錯了，必須等有關機關會勘查明土地產權、環保評估、山坡地使用權的核定情況等等資料，連同缺點弊端，彙集整理，呈送教育部。本案夾雜國有土地，才會怪罪於原始承辦人。因此辦理像這樣有高度爭議性的案子，非要打聽清楚全盤情況不可。

5. 像第四案的學生安全問題，是很普遍的問題；凡是學校內的設備與活動，校長、總務主任、事務組長與班級導師，都要隨時注意，否則發生事情，很難脫卸過失的責任。比如運動器材朽舊，顯然有折斷的危險，總務、事務未注意汰換，體育老師仍然使用，使學生摔死了，一定有過失致死的刑責的；像臺北市南門國中學生擦玻璃，因為玻璃外圍的鐵框早已生銹斷裂，學生因而摔死，校長、總務與導師都有刑責。可說凡是安全維護不周，就是沒有盡到注意的義務；如果發生學生傷亡，不但要受懲戒，同時也有過失致死或過失傷害的罪責，不得不隨時注意。一旦發生事情，一定要妥為善後，使學生及家長都滿意，才不會擴大事態。

第三章

勿生邪念永無夢魘

第十二節　總務主任陳報工程進度不實

一、事實概述

本案發生於七十六年六月間，主角是臺東縣三民國小總務主任顏民強。

三民國小於七十六年接受臺灣省政府教育廳補助二十五萬元，為附設幼稚園，充實設備，於同年二月十五日將領款收據送到臺東縣政府。該校要興建幼稚園的廁所（包括洗臉臺在內），叫廠商來估價，廠商陳運財曾經參加比價，但實際上由包工江水深承包，工程尚未完工，但須及時將補助款的使用情形向教育廳陳報，竟取出先前參加比價之廠商陳運財比價所用收據三張，冒充為實銷之單據。必須陳報縣政府之文書有「代辦經費明細表」，「工程決算書」，以及「充實幼稚園教學設備竣工請驗表」三種，包商都以陳運財之名填載。工程項目及支出金額都隨便填載：洗手臺寫支出六千元，給排水設施四千元，廁所泥工二萬元。於七十六年六月八日，將三種文書及廠商陳運財的三張收據，陳報臺東縣政府報銷，於同年六月二十四日轉教

育廳核備。案經臺東縣調查站查獲，認為有偽造文書及貪污罪行，移送臺東地方法院檢察署偵辦，經檢察官以偽造文書罪提起公訴。

被告顏民強辯稱：陳運財的三張收據，是校長姚啟方拿給他辦理陳報的。他辦理附設幼稚園，充實設備，都是遵照指示，服從上級，一個口令一個動作。七十四年四月二十七日在鹿野國小召開充實幼稚園設備座談會時，指示因為時間不多，要先行陳報縣府轉省府教育廳核備，校長才檢齊憑證，交他填妥報驗手續，將三種文書附收據送縣政府。他絲毫沒有一點貪圖營私舞弊的犯意等語。臺東地方法院法官認為被告有刑法第二百十三條偽造文書罪，處有期徒刑一年，減為有期徒刑六月，再減為有期徒刑三月，緩刑二年。被告不服，上訴花蓮高分院後，駁回上訴確定。

刑事處分以後，臺灣省政府移送公務員懲戒委員會，顏主任除重複上述答辯之外，還申辯稱：他因涉本案，七十九年的考績已留支原薪未晉級。蒙此不白之冤，心難甘服，層層受懲，日日不安，心焦且心碎，心煩又意亂，難以度日。另教師是否為公務員？亦請能明察等語。公懲會認為顏主任違法的事實已經明確，他所提出來的證物一至八件有關承辦過程的文件影本，核與其應負之違失責任，不生影響。並對其質疑教師是否為公務員一事，特別闡明：「國民小學教師係由縣主管教育行政機關派任，國民教育法第十一條規定甚明；且小學教員受有俸給者，為公務員服

務法上之公務員，亦經司法院以院解字第二九八六號解釋在案。故被付懲戒人顏民強既係三民國小之教師兼總務主任，自屬於公務員服務法第二十四條所稱受有俸給之公務員，自有遵守公務員服務法第五條及第七條所定應『誠實』『謹慎』、及『執行職務，應力求切實』之義務。乃顏民強竟於其總務主任職務上所掌之公文書內，明知為不實之事實，而故為登載並行使之，其違失之咎，殊非可辭，應依法酌情議處」。議決：「顏民強記過二次」。

本案資料來源：臺灣高等法院花蓮分院七十九年度上訴字第二十四號刑事判決書、公務員懲戒委員會八十年度鑑字第六六〇三號議決書。

二、法律責任探討

1. 調查局只承辦十種犯罪案件，大部份是貪污案，單純的偽造文書案不辦。很多貪污案，都與偽造文書案有牽連。但是很多調查局所辦的貪污案，調查的結果沒有貪污，只構成偽造文書；經檢察官起訴的貪污案，也有不少案子，只成立偽造文書罪。本案是調查局以貪污及偽造文書移送，但是檢察官及法官只以偽造文書罪起訴判刑。

2. 本案顯然是借牌照的案件。借牌照標工程，是工程界與民間的陋習，當然是不合法的。本來按照事實承認說明，頂多只是行政上的問題，但是作假文件，報假公事，就牽涉很複雜的犯罪問題了。首先牽涉的是偽造文書罪，其次聯想到貪污罪；至少是圖利他人。本案就是這樣捲入、翻滾、進而官司纏身的。好在貪污罪撇清了，否則圖利他人罪最少也要判處有期徒刑五年，還可併科罰金新臺幣一百萬元（見貪污治罪條例第六條第一項第四款）。

3. 顏主任是觸犯刑法第二百十三條的公文書登載不實罪：「公務員明知為不實之事項，而登載於職務上所掌之公文書，足以生損害於公眾或他人者，處一年以上七年以下有期徒刑」。他向縣政府呈報的三種文書：代辦經費明細表、工程決算書、以及充實幼稚園教學設備竣工請驗表，都是職務上所掌之公文書，內容登載不實，就構成這個罪了。

4. 本案減刑兩次，每次都減一半；因為犯罪的時間在七十六年六月，而花蓮高分院判決確定的時間是在八十年，這中間剛好有兩次減刑：一次是七十七年，一次是八十年。原判有期徒刑一年，減兩次的結果，只有三個月，又宣告緩刑二年，不必去坐牢。對於教育工作者來說，實在很平允很適當。

5. 懲戒處分是記過二次，可說很重，原因是過錯太大。要興建工程，怎能馬馬虎虎，隨便找一個沒有牌照的包工，就讓他承包了呢？公家機關一切要合乎規定；規定要比價，就要認真辦理之，不能縱容包工拿別人牌照來承包。不要說偽造文書要受懲戒，就是沒有按照規定發包工程，就要受懲戒了。因此記過兩次，給他重懲，也不過份。記過一次或兩次，一年內都不能晉敘、升職或調任主管職務。如果一年內記過三次，就要降一級改敘了（見公務員懲戒法第十五條）。

三、本案的省思

1. 學校工程要非常注意，千萬不能大意馬虎。否則很容易演變成刑事案件，吃上刑事官司及懲戒官司，像本案一樣，實在划不來。因此總務主任及校長，一定要熟悉工程有關的發包及報銷的規定，不能粗心大意，更不可將錯就錯。
2. 絕對不能徇私，找熟人來承包工程。如果發生事情，包工無事，總務主任與校長一定有事的。本案資料沒有敘述校長是否受到處分；依照情理，校長的行政責任，應該跑不掉的。沒有牌照的包工，知識程度較差，又沒有法律常識，不可能幫忙主辦人辦好報銷手續，隨時會出紕漏的。
3. 借牌照標工程，借用人與被借的人，經常會發生糾紛；工程有問題時，借牌照的

包工溜之大吉，牌照的主人要負擔實際責任。但是願意乖乖負責任的老闆很少，大部份都置之度外相應不理，這時就會抖出借牌照的內幕，牌主為避免損失，會推得乾乾淨淨，學校的主辦人就有罪可受了。此外經常牽涉到繳稅的問題，形成三、四角的糾紛，弄得難解難分。這樣子你還敢給借用牌照的包工承包嗎？

4. 縣政府命令要陳報補助款的使用情形，工程還沒有完工，就據實陳報，有何關係？頂多是執行不力，受申誡或促其注意而已，何必造假，胡亂填寫假進度，假支出數額，內行人一看就知道有問題，仇人剛好抓到機會檢舉一通，如此就無所遁形了。何必因小失大，自討苦吃呢？

5. 學校工程有關的程序與報表，多如牛毛，很多人都投機取巧隨便陳報，應付了事。如果沒人檢舉或者沒人發現，那是幸運。不要以訛傳訛，仿傚錯誤的作法，出了問題還不知道是怎麼回事，那就冤枉了。根本辦法是按部就班，遵守規定，雖然囉嗦一點，但是保證絕無後顧之憂，何樂而不為呢？

第十三節　訓育組長隱匿查封之電視機

一、事實概述

本案發生於民國七十九年九月底，主角是花蓮縣春日國小的老師兼訓育組長，四十三歲的周明仁。周組長向歌林公司分期付款，購買彩色電視機、錄放影機及電冰箱。他積欠了三期共四萬九千元未付，歌林公司就向花蓮地方法院民事執行處聲請強制執行。該院民事執行處書記官督同執達員，於七十九年六月七日，到周組長位於光復鄉中山路家中，查封放置屋內的彩色電視機、錄放影機、及電冰箱。周組長怕人家知道被法院查封，沒有面子，於同年九月底，將這三件查封物，搬到瑞穗鄉瑞祥村另外一個地方藏匿。案經花蓮地方法院檢察官以損害債權罪提起公訴，第一審法官判處有期徒刑六月，得以銀元三十元折算一日易科罰金，減為有期徒刑三月，亦得以同上數額易科罰金。被告沒有上訴而確定。

臺灣省政府乃移送公務員懲戒委員會懲戒。周組長申辯說，他因為自七十七年

九月一日調至極遠之富里鄉羅山國小服務，交通不便，當時每月薪津三萬七千多元，扣還銀行貸款每月三萬五千元，致未能如契約規定期限付款，現在已將所價購之尾款，全部付清。該會仍然議決：周明仁申誡。

本案資料來源：花蓮地方法院八十年度易字第十五號刑事判決書、公務員懲戒委員會八十年度鑑字第六五八六號議決書。

二、法律責任探討

1. 本案周組長被追訴兩種法律責任：一種是刑事責任，判刑三個月。一種是懲戒責任，議處申誡。刑事判決可以易科罰金，不必坐牢。懲戒處分的申誡，是最輕的處分。申誡的方法，是以書面為之（公務員懲戒法第十六條），只是以書面通知他受了申誡處分了，對於他的職務並不生影響，只是留下不良的紀錄難看罷了。
2. 周組長的刑事責任，是觸犯了刑法第三百五十六條的損害債權罪：「債務人於將受強制執行之際，意圖損害債權人之債權，而毀損、處分或隱匿其財產者，處二年以下有期徒刑、拘役或五百元以下罰金」。因為這個罪的本刑，最高刑度是有期徒刑三年以下，所宣告的刑罰是六個月以下，因此可以易科罰金。如果宣告有期

徒刑七個月以上，就不能易科罰金了（刑法第四十一條）。

3.本案犯罪時間在七十九年九月底，應該適用「中華民國八十年罪犯減刑條例」，減輕二分之一，因此宣告處有期徒刑六月，得易科罰金，減為有期徒刑三月，當然也可以易科罰金。可減刑的案件，一定要宣告原來的刑期及減刑後的刑期。這是上列減刑條例第八條第二項明文所定的。如果宣告有期徒刑十月或八月，超過了六個月，本來不能易科罰金，但是減輕一半，成為五個月或四個月，就可以易科了（上列減刑條例第十條）。

4.毀損債權罪有一定的犯罪構成要件，犯罪時間要在「將受強制執行之際」。犯罪的方法有三種：毀壞、處分或隱匿其財產。本案是在被法院查封後，將查封物搬到另一個地方，這就是隱匿的行為，合乎上述兩種要件，構成毀損債權罪無疑。因此被告對於地方法院的判決沒有上訴，是對的，縱然上訴也一定會駁回。本案債權人歌林公司，一定與周組長定有動產抵押契約，不能遷移或出賣所買的東西，否則就違反動產擔保交易法第三十八條規定，處三年以下有期徒刑、拘役、或科或併科六千元以下罰金。本案是查封後違法，不是查封前遷移所買的家電，因此依刑法毀損債權罪追訴處罰。

5.很多債務糾紛，債權人都說債務人脫產，這些脫產的行為，是否都構成毀損債權

罪呢？那可不一定，不能一概而論。最重要的，還是要看財產移轉的時間，及與強制執行的關係。法務部檢察司有一個研究結果，可供參考：債務人某甲在債權人某乙尚未取得執行名義之前，將他的不動產賣掉或抵押給別人。但是某乙取得執行名義時，地政機關還沒完成登記，那就要分別情形論某甲是否構成毀損債權罪；某乙取得執行名義後，某甲才送過戶的書類，向地政事務所辦理移轉登記，縱然簽約買賣或抵押的時間在先，某乙取得執行名義在後，某甲還是有毀損債權罪。換句話說，債權人取得執行名義後，債務人就不能過戶了。如果某甲已經完成了過戶登記，某乙才取得執行名義，那就不成立這個罪名了。如果某甲在某乙取得執行名義後，才向地政事務所申辦登記，但在完成登記前被法院查封，因此無法完成登記，則係毀損債權未遂，刑法並不處罰（見法務部檢察司(73)檢(二)字第一〇七號復臺灣高等法院檢察署函）。總而言之，毀損債權的時間，要在債權人取得執行名義之後，債務人脫產才構成，不是所有的脫產行為都構成。

三、本案的省思

1. 向大公司分期付款購買家電，應該量力而為，不能超過月薪收入，否則將來一定

出問題，繳不起錢。無法繳錢，想要賴債是不可能的，因為公司馬上就查封拍賣債務人的財產。像本案就是一個典型的範例。

2. 分期付款買東西，表面上看起來很方便，事實上非常麻煩，無異用繩子套住脖子，不能動彈，每個月都要按時定量付款，稍有差錯，一期未付，就視為全部到期，麻煩就上身了。一般情況，只要還錢就沒事。不要像本案一樣，認為有損顏面，隱匿查封物或拆掉法院的封條，官司馬上來。有公務員身份的人，還要受懲戒。

3. 分期付款買家電，無法付款時，最好想辦法去借錢來付，才不會出洋相。一旦被法院查封，到拍賣以前，還有相當長的時間，儘可以想辦法還錢了事。反正非還錢不可，就不要賴皮；越賴皮對自己越不利，本案就是一個好教材。

4. 債務人脫產的刑事責任，有一定的要件，最重要的是時間與查封，要在將受強制執行之際。查封的先決條件，是取得執行名義，有了執行名義，才可以查封。取得執行名義的方法，最普遍的情形，是確定判決，或拍賣抵押物或質物的裁定。因此必須先告債務人，才能取得確定判決。然而設定抵押權或質權，就不必經過冗長的三審官司，只要聲請法院裁定拍賣抵押物，就可以執行了。

5. 想要分期付款買東西，一定要先瞭解相關的法律規定。最重要的有兩點：第一，要按期繳款，如果一期不繳，視為全部到期，公司就可查封拍賣所購的物品。第

二，不能搬動所買的東西，更不可轉賣別人，否則違反動產擔保交易法，處三年以下有期徒刑。這個罪是公訴罪，縱然和解還錢，還是要判刑及懲戒的。

第十四節　倒會風雲處處起（三案）

一、事實概述

(一)國小幹事瞞天過海倒會

本案發生於八十五年五月，主角是臺南縣新營國小幹事林街響，五十一歲，已經服務了二十七年之久。他於八十三年十月起，自任會頭，招了四組民間互助會，每一組會款都是一萬元。多年前他自己也參加楊姓夫婦的會，被倒了五十萬元。八十一年又參加同事吳莉莉的兒子曾維夫的會一萬五千元。不料於八十三年三月被曾維夫倒了六十七萬元。首先他還想辦法舉債墊付會款，但是以後舉債無門，只好就自己當會頭的四組會動腦筋，設法挪用得標人的會款：若無人前往看標，則向會員詭稱某甲得標，但向某甲詭稱他未得標，是某乙得標。如有人前往看標，則提示標單告知某人得標，但於翌日向得標者詭稱昨天弄錯，誤認他得標，實乃某人得標，

他並未得標，而自行挪用會款。如此使用瞞天過海的手法四次，覺得此舉無異飲酖止渴，才宣布停止標會。林幹事首先到處張貼售屋啟事，要賣掉房屋償債，但是無人買受。接著召開協調會三次，與眾會員商談和解，但是協調不成。很多債權人就集體向法院控告林幹事偽造文書、詐欺。同時向民事執行處聲請假扣押，而後起訴求償會款，將他的房屋拍賣二百八十餘萬元，又將他的薪俸也一起查封執行。刑事案件，經檢察官以偽造文書及詐欺罪提起公訴。被告辯稱他以不正當的方式挪用得標會員的會款，行為容或可議，但是絕無不法所有之意圖，沒有詐欺的行為。然而法官不採信，經臺南地方法院判處有期徒刑一年二月，被告不服，上訴臺南高分院，被駁回上訴確定。

行政責任方面，臺南縣政府報經臺灣省政府移送公務員懲戒委員會，林幹事也極力申辯沒有詐欺，只是周轉不靈，停止標會而已。然而公懲會委員不採取，認為他除了違反刑法之外，還違反公務員服務法第五條公務員應誠實，不得有損失名譽之行為之規定，議決：「林街響記過二次」。

本案資料來源：臺南地方法院八十五年度訴字第一六三八號刑事判決書、臺灣高等法院臺南分院八十六年度上易字第二〇三八號刑事判決書、臺南地方法院民事執行處八十五年八月五日八十五南院執妥字第八六二八號通知一件、另外執行命令

二件、公務員懲戒委員會八十六年度鑑字第八四九七號議決書。

㈡會計佐理員詐標會款

本案發生於七十八年十一月至八十一年五月，案主是臺北縣海山國中女性會計佐理員，六十歲的王錦秀。

王錦秀的月薪只有三萬元，竟以其本人、丈夫及兩個兒子與一個媳婦名義，共五個人加入該校職員杜榮文所召集的互助會，該會每月一萬元，會員共三十八人。王錦秀於上列時間，陸續標出其本人與家人之會款之外，並冒用其他會員名義冒標會款八次，至八十一年七月起即拒繳會款，會首杜榮文始知其詐標會款。清查結果，共損失八百四十二萬二千零七十元，詐經板橋地方法院檢察官起訴，法官判處有期徒刑一年十月。她不服，提起上訴。其刑事官司尚未確定前，公務員懲戒委員會即予審議。王錦秀辯稱：她只是得標會款後無力繳款，並無詐欺意圖。她標出會款投資股票，堅信必可獲利數倍。孰料股票市場一蹶不振，股價指數自一萬二千點遽降為三千多點，致一時周轉失靈。伊已出售房地產，並於八十一年九月十四日與告訴人等簽訂同意書，以退休金、資遣費和另一棟房屋出售款抵償會款。伊信奉三寶，相信因果報應，今後當竭盡所能還債，以免種植惡果。公懲會認其違失事證明顯，

議處記過二次。

本案資料來源：公務員懲戒委員會八十三年度鑑字第七二一七號議決書、板橋地方法院八十二年度訴字第一一三一號刑事判決書。

(三)國中幹事偽造標單詐標會款

本案發生於七十七年八月至七十九年八月，案主是屏東縣中正國中幹事、五十二歲的曾麗香。

曾麗香於七十七年間，因債臺高築，自任會首，向該校同事召集互助會三組，會員共一百五十七人次。每人每月會款為五千元。自同年八月起至七十九年八月止，先後共十八次，偽造會員張鶯鶯、邱清溪等十八張標單，冒簽其等姓名標會，共得會款三百九十三萬三千一百七十元。事後深覺不安，向屏東地方法院檢察官自首，授權活會會員向死會會員收款，又提供其退休金一百多萬元全部償債，會員聯名請求法官從輕科刑。法官乃判處有期徒刑一年六月，緩刑五年確定。公務員懲戒委員會又對她議處記過二次。

本案資料來源：公務員懲戒委員會八十年度鑑字第六五〇一號、屏東地方法院七十九年度訴字第三八二號刑事判決書。

二、法律責任探討

1. 第一案林街響幹事的法律責任三層，都一個一個被追訴完畢：第一層法律責任是刑事責任，被判刑一年二月確定。第二層法律責任是民事責任，房屋及薪水都被查封拍賣分配。第三層法律責任是行政責任（懲戒責任），也被公懲會議決記過二次。一個行為所引起的三種法律責任，本案都看到了。第二案與第三案的情況也是如此，三種責任都一一追究。

2. 互助會的會員向檢察官告訴林街響偽造文書及詐欺，檢察官也起訴他偽造文書及詐欺罪，為何法官只判他詐欺罪呢？因為偷標冒標會款，不論偷標或冒標，都要寫標單，冒用別人名義標會，當然構成偽造文書罪及詐欺罪了。然而法官查清楚，被告只有使用瞞天過海的方式挪用會款，並沒有偷標冒標情形，沒有冒名寫標單，就沒有偽造文書的行為了。其實有沒有偽造文書罪，對於判處罪刑，並沒有多大影響。因為偽造文書與詐欺是牽連犯，只論一罪。第二、三案的情況也是如此。

3. 被告辯說沒有詐欺的意思及行為，只是一時周轉不靈，停止標會而已。但是一、二審的法官卻都認定他有詐欺罪，原因是他所使用的瞞天過海的招數，就是詐欺

的行為：用兩面說詞騙人家，向一般會員說一套，向得標的會員又說一套，以便挪用該期會款，這就是使用詐術，使人陷於錯誤，而交付他會款，給他花用，符合詐欺罪的犯罪構成要件。

第二、三案的被告，每個月的薪水不過三萬元，卻參加了五個以上的會，每個月要繳四、五萬元的會款，怎麼可能呢？在客觀上看，她們顯然都有不良的企圖。光憑這一點，就難逃詐欺了。何況她們還冒用別人的名義標會呢！這就是真正的詐欺了。

4. 第一案刑事判了他有期徒刑一年二月，沒有諭知緩刑，一定要去坐牢。去坐牢後，他的幹事職位就沒辦法繼續保留下去了，因此懲戒處分雖然只是記過二次，不是撤職，但是坐牢後要申請復職，實際上並不容易。第二案也判了一年十月，也非坐牢不可。第三案是自首，又與會員馬上解決債務，成立和解，會員還聯名請求法官從輕處罰，因此判了一年六月的徒刑，又宣告緩刑，不用去坐牢。

5. 會員對於被告的求償途徑有多種：第一種，跟他談和解，時間在刑事告訴前或後，審判前或後都可以。如和解成功，就不必打民事官司。第二種是在刑事程序進行中，提起附帶民事訴訟，請求賠償。好處是提起附帶民事訴訟，不必繳裁判費用，壞處是要等刑事判決後才判決民事賠償，時間拉得比較久。第三種是單獨提起民事訴訟，與刑事訴訟一起進行。好處是求償的時間快一點，壞處是要繳裁判費。另外為了確保還債，無論要採取什麼方式求償，都可以向該管轄地區的地方法院民事執行處聲請假扣押，先查封被告的財產，使被告無法脫產；不過要繳納擔保金，數額是所扣押的財產價額的三分之一計算。這是為防止濫用假扣押程序，損害債務人時，債務人可以在保證金內求償。第一案會腳已施行假扣押，以免被脫產。等民事判決確定後，馬上可以拍賣被告的房屋，分配給各位會員。

三、本節的省思

1. 參加互助會是好事，但是一定要避免發生糾紛。可能發生糾紛的原因，不外兩種：一種是被人家倒會，一種是倒人家的會。要避免被人家倒會，必須眼睛放亮一點，不認識的會頭不要參加，雜七雜八的會腳，也不要參加。因為被人家倒會的對象，不限於會頭，也會被會腳倒會。要特別注意會頭是否可靠可信，是否招攬與參加很多會，像本節三個案子，都招了很多會，超出他們的薪水，顯然無法負擔，就不要參加了，以免被倒會後討不回錢，又要惡言相向。
2. 會頭招攬很多會，以會養會，標這個會補那個會，說起來好像順理成章。其實這

種以會養會的會頭，十之八九都有倒會的危險。因為被一個會或者一個會腳拖累了，那就非倒會不可了。一旦倒了會，會頭會振振有詞地說，不是他的錯，是被某人或某會倒了會，大家只有自認倒楣。有時縱然告他詐欺，還會不起訴處分，因為確實是被人家拖累所致，不是他的過錯，只是民事問題，要討回會款就很難了。

3. 第一案的會頭林街響，只是一個學校的幹事，他又招攬了四組一萬元的會。招會的動機與用途為何，應該先瞭解清楚，尤其對他的償債能力，要加以評估。他一個月的薪水多少？有無其他財產？評估結果不可靠，就不要參加他的會，以免倒會時惡言相向。一般情形，最好不要參加職員或者工友所招的會，否則將來會求償無門。本案能拍賣會頭的房屋，分配給會腳，是少數幸運的案例。像第二、三案的情形，會員太多，信用可疑，最好退避三舍。

4. 當會頭的人，一旦發生事故被人倒會時，就要馬上坦誠告訴各位會腳，同時設法借錢舉債，出售房屋財產，讓每一個會員都知道確實被別人倒會，不是會頭的問題，這樣才不會使會員發生誤會與恐慌，到處亂告，要跟他們談和解，也談不攏。一旦倒會，大家都會猜忌，沒辦法良性溝通。第一案林幹事雖然召開協調會三次，還是無法達成協議，才會官司不斷，被判刑、被懲戒，房屋薪水又被拍賣。如果

趁早處理得當的話，這三種法律糾紛，都可以避免。至少像第三案一樣，獲得諒解後，可以判緩刑。

5. 第一案被告雖然被倒會兩次，但是數額僅僅六十七萬元與五十萬元；五十萬元還是好多年前的事。他本身又招了四組一萬元的會，冒標了四次會，每個月也只需繳納四萬元，大可再設法變賣家財抵債。然而宣布停標，情況大變，大家都認為會頭惡性倒會，才弄得不可收拾。如果林幹事有誠意和解，就應該將價值三、四百萬的房屋，直接交給債權人（會腳）去處理，展示誠意，就不會有如此下場了。犯了罪，刑責難免，就要設法為自己減輕處分；最好的方法是誠心還債。

第十五節　助夫賄選與索賄（三案）

一、事實概述

㈠高中護士助夫賄選農會總幹事

本案發生於七十八年二月農會選舉時。主角是省立玉里高中護士，四十歲的李玉環。

李玉環的丈夫陳進興，是花蓮縣玉溪地區農會總幹事候聘人。陳進興為了將來獲聘為總幹事，就設計對於十多名會員代表進行綁票，使十一名理事中，他們的人馬能當選九個人，以便能獲聘為總幹事。綁票的方式，是找他們集體出遊。於是邀集他弟弟陳進旺，理事候選人呂力群，農會會員代表張義宣及黃輝光，並叫他太太李玉環也參加。一共六人，分頭進行邀集十一名會員代表，於七十八年二月十七日上午由花蓮瑞穗鄉搭乘二輛客車，分北上及南下二組出發環島旅遊。由張義宣及黃

輝光分別擔任領隊兼管理，負責安排膳宿及支付開銷。旅遊的費用，在出發前，陳進興就分別交付三萬元給兩位領隊。出發時，又叫李玉環發給每人一萬元零用金，其中只有王春福不肯接受，表示旅遊回來再結算。陳進興與呂力群就趕到住宿之旅館臺南市太子飯店及雲林縣西螺王宮旅社，向這些會員代表拜訪拉票。陳進興拿出印有理事姓名之模擬選票，交給各位會員代表，口頭約定要選給這些理事。第三天早上會員代表大會開會時，陳進興、張義宣及黃輝光一起陪同這十一名會員代表，搭車直駛玉溪農會投票會場，讓他們投票選舉理監事。投票後這些人都被調查局花蓮調查站抓去移送花蓮地方法院檢察署，經檢察官提起公訴。法官以違反農會法，分別予以判刑。李玉環的犯罪情節較輕，只給她判處有期徒刑四月，得以銀元三十元折算一日易科罰金。減為有期徒刑二月，得以銀元三十元折算一日易科罰金。被告不服提起上訴，經花蓮高分院駁回上訴確定。

刑案確定後，臺灣省政府將公務員李玉環部份，送請公務員懲戒委員會懲戒。該會議決：李玉環降一級改敘。

本案資料來源：公務員懲戒委員會八十年度鑑字第六五一二號議決書。

㈡高中女幹事為夫行賄

本案發生於八十三年十月二十七日，案主是臺北市立建國中學訓導處幹事，四十四歲的陳婉惠。她的丈夫林山樂服務於南港區公所，多年考績乙等，升遷不易。她冀圖夫婿能獲照顧拔擢，乃於上列時間，至南港區前區長陳盛來處，致送茶葉禮盒及新臺幣拾萬元。陳婉惠於事後向臺北市政府政風處自首行賄。區長陳盛來因此被臺北地方法院判處有期徒刑四年六月，褫奪公權四年，上訴後並經臺灣高等法院判決駁回。監察院函請臺北市政府就陳婉惠部份，自行議處。臺北市政府乃移送公務員懲戒委員會懲戒。陳婉惠敘稱：前區長陳盛來，常利用職權索賄，使人事管理大亂章法。其外子不喜逢迎，所以承辦業務屢遭調動，行事受到百般刁難與欺壓，以致影響工作情緒，家庭生活亦深受打擊。依貪污治罪條例規定，行賄如果自首，可免除其刑。遂於上述時間向區長送禮，二月之後深感有違良心，隨即向臺北市政府政風處自首。其基於家庭生活之和諧，卻忽略公務員服務法有關之規定，請從輕處罰等語。公務員懲戒委員會認為陳婉惠係違反公務員服務法第五條應謹慎之旨，議決記過二次。

本案資料來源：公務員懲戒委員會八十八年度鑑字第八八四〇號議決書。

㈢體育場組長索賄判無罪仍須懲戒

本案發生於八十二年一月間，案主是高雄體育場場地組組長，三十歲的呂伯平。他在八十一年十月間，擔任高雄體育場所屬楠梓游泳池主任，十一月起奉派前往支援該體育場體育季活動，因而結識在體育場搭建鐵架之包商楊祐堂。八十二年初，因聽說楊祐堂要購買體育場內由包商崔金鐸所搭建的鐵架，以便在場內搭建各種展覽會場，乃介紹楊祐堂以六萬元向崔金鐸購買，而索取十萬元佣金。楊祐堂因為呂伯平在該體育場服務，且將升任該體育場場地組組長，為方便日後在該地搭建展覽會場鐵架，經討價還價後給付八萬元。案經楊祐堂向調查局高雄市調查站檢舉，以索賄罪移送高雄地檢署，檢察官提起公訴後，法官判決無罪。

懲戒部份，呂伯平辯稱：該鐵架確係經伊介紹，以六萬元出售楊祐堂，而其所得之報酬為八萬元，檢察官認為違背常理，因此起訴。殊不知鐵架裝設費需七十萬元，楊祐堂首先欲以十四萬元承購，商請伊介紹，以六萬元成交，又將該鐵架出租兩期，得租金六十萬元。且該鐵架至少可用三、五年，故願以少數之八萬元作為介紹報酬。當時伊尚任楠梓游泳池主任，於八十二年四月一日始調任場地組組長，因遵守場方指示，切實督促楊祐堂依限拆除鐵架，因此影響其鉅額租金之收入，楊祐

堂乃懷恨於心，胡亂控告。幸經法官查明事實，判決無罪，還其清白。高雄市政府僅依檢方之起訴，即作停職及移送懲戒之處分，實欠公平，請求傳訊證人四人等語。但是公懲會不待刑事案件判決確定，即開始審議。認為被付懲戒人已坦承收受八萬元介紹費，因其本係體育場職員，且於調任場地組長前，已實際支援場地工作，顯有假借權力以圖本身利益情事。其違反公務員服務法第六條、第五條等規定，已甚明確，聲請傳證已無必要。乃議決休職，期間六月。

本案資料來源：公務員懲戒委員會八十三年度鑑字第七四四九號議決書、高雄地方法院八十二年度訴字第三五七二號刑事判決書。

二、法律責任探討

1. 第一案刑事部份是違反農會法被判刑，懲戒部份是違反公務員服務法被懲戒。刑事部份被判處有期徒刑四月，因適用「中華民國八十年罪犯減刑條例」，而減輕二分之一，因此只判了有期徒刑二月，可以易科罰金。繳了罰金以後，不必坐牢。刑事判決並不重，但是懲戒處分是「降一級改敘」，可說相當重。第二案行賄人陳婉惠並沒有被起訴判刑，因為貪污治罪條例只處罰違背職務的行賄罪，對於未違

背職務的行賄行為並不處罰，然而被記過二次。第三案則是起訴索賄罪，但是判決無罪，然而仍然受懲戒休職六個月，相當重。

2. 第一案刑事被告除了護士李玉環、她丈夫陳進興之外，還囊括本案所有的候選人、會員代表、及工作人員，統統觸犯了農會法第四十七條之一，有關農會選舉時賄選的規定，得處三年以下有期徒刑，得併科三萬銀元以下罰金。本刑是有期徒刑得併科罰金，不是有期徒刑與罰金選擇一種。因為有期徒刑最高刑度只有三年，如宣告刑在六月以下，依照刑法第四十一條規定，可以易科罰金。

3. 農會法第四十七條之一，規定四種農會選舉的賄選，一律處三年以下有期徒刑，得併科三萬銀元以下罰金。該條第一項第一款規定：「有選舉權之人，要求、期約或收受財物或其他不正利益，而許以不行使其選舉權或為一定之行使者」。這是理監事受賄的處罰。第二款：「對於有選舉權之人，行求、期約或交付財物或其他不正利益，而約其不行使選舉權或為一定之行使者」。這是選民（農會的會員代表）受賄的處罰。第三款：「對於候選人行求、期約或交付財物或其他不正利益，而約其放棄競選或為一定之競選活動者」。這是向候選人搓圓仔湯的處罰。第四款：「候選人要求、期約或收受財物或其他不正利益，而許以放棄競選或為一定之競選活動者」。這是候選人被搓圓仔湯的處罰。

4.何謂賄賂？凡是拿錢、拿東西、或者拿到好處，統統包括在內。法條具體規定為「財物」，又抽象規定為「不正利益」，舉凡請客、吃飯、旅遊、玩女人、喝花酒、或者形形色色的好處，統統包括在內。至於民間所說的「走路工」，那是貨真價實的「財物」，當然是賄選了。因此，什麼東西都不能拿，不能吃，不能喝，不能有暗盤，否則構成賄選。所謂要求就是索賄，行求就是行賄，散發禮品就是行賄。所謂期約，是約定相當時間之後才給他財物、職位或好處。

第二案與第三案的行賄、索賄與賄賂，與上面所說的都一樣；貪污治罪條例上的行賄罪只有一種，就是第十條所定，對於違背職務的行為行賄才有罪；這是叫他做違法的事情而行賄，處一年以上七年以下有期徒刑，自首者還可免除其刑，自白者減輕其刑。但是收賄罪就有兩種：一是第四條的違背職務收賄罪，處無期徒刑或十年以上有期徒刑。二是第五條對於職務上的行為收賄罪；行賄叫他做職務上可以做的事情。收賄的人處七年以上有期徒刑，行賄的人不罰。像第二案收賄的區長被判刑四年半，是因為自白才減輕其刑。

5.農會賄選的處罰，比起政治選舉（中央與地方民意代表及縣市與鄉鎮長等公職人員）要輕得多，而且處罰的範圍狹窄很多。關於買票綁票部份，政治選舉要處五年以下有期徒刑，得併科新臺幣四十萬元以上四百萬元以下罰金（見公職人員選

舉罷免法第九十條之一第一項）。關於賄賂候選人使其放棄競選（搓圓仔湯）部份，政治選舉處五年以下有期徒刑，併科新臺幣六十萬元以上六百萬元以下罰金（同法第八十九條第一項）。選民投票受賄罪，則適用刑法第一百四十三條第一項規定，處三年以下有期徒刑，得併科銀元五千元以下罰金。這一項處罰，與農會法類同。公職人員選舉罷免法第九十八條第二項又特別規定：「犯本章之罪或刑法分則第六章之妨害投票罪，宣告有期徒刑以上之刑者，並宣告褫奪公權」。但是農會法並沒有這樣規定，所以第一案被告並沒有宣告褫奪公權。

三、本節的省思

1. 十幾年來，臺灣的選舉風氣非常惡劣，買票之風到處都是。很多參選人，還公開聲明：發放走路工是正當的。然而調查局照抓人，檢察官照押人。這幾年在馬英九及廖正豪兩任法務部長任內，雷厲抓賄之後，到現在還無法根絕賄選，很多人還不知道什麼叫作賄選。民眾的法律常識，實在應該加強普及。最近遇有選舉，法務部就全力宣導反賄選，可能有效，但是仍然無法絕跡。如果被抓到，一定要拖很久打官司，弄得全家不寧。

2. 選舉時，候選人買票以及選民收錢賣票，調查員或警員實在很難抓到。要做到人贓俱獲，證據確鑿，實在不容易。因此賄選官司很難辦，牽涉進去的人，要打很久的官司，才可結束。會捲入賄選案，一定有蛛絲馬跡被抓到，不會完全無緣無故禍從天降。避禍的最好方法，是遠離賄選的是非圈。這個是非圈，就是不接受財物或不正利益。如果沒有遠離，還是會受到波及，像第一案的會員代表王春福，雖然拒絕接受李玉環的零用金一萬元，還是無解於賄選罪的成立；因為參加了旅遊，就是接受了不正利益了。

3. 參與賄選的作業，不論做什麼工作，都會被列為共犯；好像第一案的李玉環、她的小叔陳進旺，以及當領隊兼管理的張義宣與黃輝光。李玉環與陳進旺，只幫忙邀請人，發給零用金，也是分擔犯罪的實施，因此難逃刑責了。幫忙送東西就犯罪，因此只可用嘴巴拉票，才不會惹上麻煩。要切記「走路工」是違法的；拿了走路工，等於要走進監獄，何必惹這個麻煩呢？

當公務員的人一定要懂得避嫌；凡是跟本職有瓜葛的事都要避開，與金錢有關的事，當然不能碰。像第三案呂組長，雖然是正當的介紹費，卻被檢舉成索賄，扣上這個大帽子，使他打了很久的刑事官司，又被停職，怎麼划得來呢？

4. 一般人總是有貪念，人家送東西，不收白不收，反正沒有人看到，收了再說。有

的人說，反正大家都收了，我跟著收有什麼關係？然而事情不知什麼時候爆發，一旦被循線抓到，要喊倒楣已經太晚了。這是觀念問題，要在根本上堅定原則，不收不送，才不會牽涉到自己身上。乾淨選舉，是每一個人的責任。

公務員絕對不能收紅包：不管人家拜託幫忙什麼事，是否職務上應該做的或者不應該做的，都不可以收紅包。收了紅包一定有罪，而且最輕七年以上有期徒刑。基本觀念要正確；凡是該做的事就應該不計代價服務；不該做的事，任何人說情也要堅持原則拒絕，這樣就沒有危險了。如果觀念有偏差，要拿錢才服務，當心夜路走多了會碰到鬼，會像第二案一樣被設計套牢，悔恨莫及了。

5. 這幾年間，好幾次查賄選的結果，看到很多人花了大筆錢，雖然選上了，官司馬上纏身，白白的努力一場，親朋好友也都為之惋惜，何必做得這麼辛苦呢？看收錢賣票的官司真不少，聽旁觀者說：「只要五百塊錢就可以賣掉人格，實在差勁」！平心靜氣地想一想，何必這樣沒有格調呢？第一案只是招待環島旅遊而已，就惹來一場官司，弄得全家兩三年不寧，實在不值得。第二案的區長，竟然死在區區十萬元之下，更是使人嘆息不已！

目前各種選舉中，有處罰賄選的，只有兩種：一種是政治選舉即公職選舉，一種是農會的選舉。學校裡面的選舉，社團的選舉，都沒有規定處罰賄選。實際上很

多社團如獅子會、扶輪社、青商會，對於監督、總監、總會長的選舉，都非常激烈，應該倡導淨化選舉，才可改善社會風氣，提高會格或社格。學校裡面，學生自治所辦的各種選舉，正好提供示範，大力宣導選舉的品質。如此影響政治選舉，導正賄選歪風，較為有效。

第十六節　請假單與考績怎能隨便改？(三案)

一、事實概述

(一)教導主任病假改公假

本案發生於民國七十三年六、七月間，主角是屏東縣里港鄉里港國小教導主任兼人事管理員，六十四歲的楊進賢。以後調往同縣戴興國小當訓導主任。

楊進賢主任於七十三年六月五日請病假半天，又自六月二十一日至七月三日請病假十四天，一共請了病假十四天半。該校到了年終召開考績會議，因為楊主任兼管人事業務，掌理「教職員勤惰統計表」之填寫，竟然利用這個機會隱瞞真情，只登記為病假十四日，矇騙考績委員會通過考列為甲等。七十三年十一月一日屏東縣政府教育局人事課員錢樹森與督學林傳勝到該校調查時，將其職務上所掌管之簽到簿上，對於七十三年六月五日楊進賢之病假，竟更改為公假。經屏東縣政府移送屏

東地方法院檢察官提起公訴，法官以明知為不實之事項而登載於職務上所掌之公文書罪，處有期徒刑一年，又假借職務上之機會變造公文書，處有期徒刑一年六月，應執行有期徒刑二年，緩刑三年。他不服，上訴臺南高分院被駁回，再上訴最高法院，又被駁回確定。

以後再經臺灣省政府移送公務員懲戒委員會。楊主任申辯略稱，他畢生從事國民教育工作，垂四十六年。平日奉公守法，歷年考績均獲優等，共獲記大功一次、記功六次、嘉獎二十次、獲頒獎狀三次。六十九年九月獲教育部表揚，七十四年十一月獲行政院頒發一等獎章及獎證，從未受任何處分，亦無任何不良紀錄。未料退休之前，任職里港國小教務主任期間，因與校長黃永欣意見失洽，校長為排斥異己，不惜設計誣陷，更利用職權控制教職員，於其偽造文書一案偵審中，為不利之證述，使其千口難辯，含冤莫白。

實則伊於七十三年六月四日下午下班前，即決定翌日請公假前往屏東縣政府教育局、屏東師專及國民黨屏東縣黨部接洽公務，將情預告課務組長蘇達奇，並請其代理職務。五日因時間關係未到學校，於出發前以電話向校長報告，同時請准公假。詎校長蓄意誣陷，竟告知當值老師鄭麗文，於差假簿記載為病假，繼而使人向教育局檢舉。當督學林傳勝、人事課員錢樹森來校查閱教職員簽到簿時，發現差假欄內

載為病假，持以責詢申辯人，始悉遭作偽。當時伊兼任人事管理員，簽到簿係由伊管理，伊即於林傳勝與錢樹森二人之面前予以更正，應屬依職權行事。該案偵查中，縣府教育局陳淑娟、屏東師專孫明善、屏東縣黨部張美津、張風儒等均據實出具證明書，證明伊確實於七十三年六月五日分向上列機關學校接洽公務。雖上列證人於到庭作證時，改稱伊曾於六月間前往接洽公務，惟因事隔已久，記不得是否為六月五日。而工友丁靜琪、值日老師鄭麗文之證言，與黎秀霞老師之報告，均係受校長黃永欣之影響，使伊含冤莫白。查被付懲戒人已因更改病假為公假之本案，已於七十四年九月，由四十六班之里港國小教導主任，被降調為偏遠且只有十三班之戴興國小訓導主任，不僅降調兩級，且無法領取導師費（每月新臺幣四百二十元），七十四學年度考績亦被降列為丙等，所受懲罰，已屬不輕，請鈞會委員諸公明查前情，從輕議處等語。

公懲會詳審後認為，被付懲戒人所舉之證人七人，業經臺南高分院詳訊，均不足作為被付懲戒人有利之證據，一一指駁在案，有該分院刑事判決為憑。被付懲戒人對此合法認定之事實，猶執陳詞斤斤置辯，委無可採。姑念楊員畢生從事國民教育工作，曾獲記大功一次、記功六次、嘉獎二十次，應予酌情議處，乃議決記過二次。

本案資料來源：公務員懲戒委員會七十五年度鑑字第五七一五號議決書、臺南高分院七十四年度上訴字第一九〇五號、最高法院七十五年度臺上字第二五六三號等刑事判決書。

(二)教導主任改考績

本案發生於八十年七月間，主角是高雄縣永安國小教導主任，三十六歲的翁建平。翁主任因為在校外補習，遭教育局糾正，其七十八學年度成績考核列為丙等，竟於八十年七月間偽造永安國小考績委員會覆審紀錄，虛偽記載其考績改為甲等，並偽造紀錄人黃瓊瑛，及出席人林松楷與李雲霞之簽名（即署押）於偽造之覆審紀錄上。同年八月二十五日，復偽造永安國小（八十）永小人字第一二八五號之公函，稱前教導主任翁建平申請覆審七十八學年度考核，請改核為甲等云云，蓋上偽造之校長官章，盜蓋學校公印，完成永安國小之公函，檢同上列偽造之覆審會議紀錄，致送高雄縣政府。案經調查局高雄縣調查站移送檢察官偵辦起訴。高雄地方法院以行使偽造之公文書罪，判處有期徒刑一年二月，緩刑三年，上訴高雄高分院被駁回確定。其間翁建平被調往高雄縣嘉興國小教師兼分校主任。

以後由臺灣省政府移送公務員懲戒委員會懲戒。翁主任申辯略稱，他因不願苟

同校長楊百川之行政措施，觸怒校長，藉不當補習為由，將伊年終考績列為丙等。而所謂「不當補習」，實為利用休閒假日實施美術勞作輔導，係該校「加強青少年假日休閒活動實施計劃」之一種。是項計劃，係經楊校長核准。由於尚未呈報縣政府，而逕行實施，因而受教育局糾正。伊受不白之冤，學生家長及同事均表同情，委請議員與楊校長協商處理，經楊校長同意伊更改考績，請縣府卓裁。可見所謂「不當補習」，純屬誤會。伊為平反名譽損失，親訪縣府人事室主辦考績人員，該員建議取得覆審委員會會議紀錄後，行文縣府審核，因而擅撰公函，希圖平反，犯下大錯。伊從事教學十餘年之聲譽，毀之殆盡。每念及此，懊悔不已，懇請從輕懲戒等語。

公懲會認為本案事證明確，又經被付懲戒人自白不諱，顯屬有違公務員服務法第五條應誠實謹慎之旨，乃議決「降二級改敘」。

本案資料來源：公務員懲戒委員會八十二年度鑑字第七〇〇二號議決書、臺灣高等法院高雄分院八十一年度上訴字第二五七二號刑事判決書。

(三)國中庶務組長捲入祭祀公業糾紛

本案主角是臺北市興雅國中庶務組長，四十七歲的周明文，發生的時間在七十四年一月間。他與周明和、周進財共同以不實之周欽樂及周朝旺祭祀公業之沿革、

規約書、派下權繼承慣例、切結書及派下員名冊等文件，向非管轄之桃園市公所申報該二祭祀公業之派下員名冊，請求發給證明書。該市公所承辦人未予詳查，誤信為真，准予核發派下員證明書。案經利害關係人周信義、周文忠、周武雄等提起自訴，並經臺灣高等法院以明知為不實之事項而使公務員登載於職務上所掌之公文書罪，判處罰金五千元，減為罰金二千五百元，並諭知易服勞役之折算標準確定。

以後經臺北市政府移送公務員懲戒委員會懲戒。周明文申辯略稱，移送書所指伊所犯之偽造文書罪，其同一事實已經臺北地方法院檢察官為不起訴處分，又經桃園地方法院判決不受理確定，乃臺灣高等法院竟為實體上論罪科刑之判決，顯屬違背法令，伊已聲請再審及提起非常上訴。高院對其科刑判決，係以昭和十八年和字第一號和解調書及其附件派下簿、管理人選任決議書等為犯罪之證據。然而該項文件另經同院七十六年度上訴字第二二八三號判決認定係周義信、周文忠與周武雄等所偽造，論處其等罪刑在案。該案上訴中，尚未確定。其有無違法行為，亦無從認定，請於該案確定前停止本案之審議程序，以免冤抑。

公懲會查明被付懲戒人所受科刑判決，業經確定。而其自訴周義信、周文忠、周武雄等偽造文書罪一案，雖經臺灣高等法院以七十六年度上訴字第二二八三號判處周義信等罪刑，但其等提起上訴後，已經最高法院撤銷原判決，發回更審，並經第二審法院判決駁回上訴，維持第一審諭知周義信等無罪之判決。且本案移送之事實為被付懲戒人因為偽造文書案件，經刑事法院論處罪刑，認其違法之行為，與其相關之刑事案件並無直接關係。如果被付懲戒人所受科刑之判決，因再審或非常上訴之結果，獲得平反時，自可依再審議程序請求救濟，並無停止本案審議程序之必要。被付懲戒人既受科刑判決，違法事實堪以認定，乃議決周明文記過二次。

本案資料來源：公務員懲戒委員會七十八年度鑑字第六一四四號議決書、臺灣高等法院七十六年度上訴字第二九九〇號刑事判決書、臺灣高等法院七十七年度更一字第五七六號刑事判決書。

二、法律責任探討

1. 本節三案，都是因為偽造文書，被判刑又受懲戒。第一案訓導主任楊進賢，只是更改病假為公假，就被判了兩個偽造文書罪；一個罪有期徒刑一年，另一個罪有期徒刑一年六月。因為他有兩個偽造文書的行為，一個是在「教職員勤惰統計表」上，本應記載楊進賢之病假為十四日半，竟在表上記載為十四日，少了半天。這樣記載不實，是便於提供考績委員會通過，列其考績為甲等。這個行為，是觸犯

了刑法第二百十三條公務員登載不實罪，處一年以上七年以下有期徒刑。第二個行為是在簽到簿上，將七十三年六月五日原記載的病假，更改為公假。這個行為是觸犯刑法第二百十一條變造公文書罪，也是處一年以上七年以下有期徒刑。兩個罪分別處刑，因此分別判一年與一年六月，裁定其應執行刑為二年。因為符合緩刑的要件，一併宣告緩刑三年確定。

2. 第二案教務主任翁建平，偽造了公文書、官章及公印，完成偽造兩種公文書；一是偽造考績委員會覆審紀錄，二是偽造學校公函，一併送請高雄縣政府更改考績為甲等。前者覆審紀錄，及紀錄與出席者之簽名，係一個偽造公文書即偽造覆審紀錄之行為，係犯刑法第二百十一條之偽造公文書罪，處一年以上七年以下有期徒刑。後者偽造公函，包括偽造公文內容、偽造校長的官章、以及盜蓋學校的印章。這些偽造的行為，都吸收為一個偽造公文書的行為，應從偽造公文書罪處斷，可處一年以上七年以下有期徒刑。偽造以後再加以行使，應從行使偽造之公文書罪論處；但行使罪係依偽造罪處斷，與第一個行為有連續關係，是一個連續行使偽造之公文書罪，因此本案判處有期徒刑一年二月，同時宣告緩刑三年確定。本案與第一案不同之點，在於第一案的兩個偽造的行為，認定為兩個罪；而第二案的兩個行為，則認定為連續犯，是一個罪。連續犯，必須罪質相同，時間相近。

如果罪質不同，就不能認為連續犯了。第一案的兩個行為，一個是登載不實，一個是變造，行為性質與類型都不同，因此不論為連續犯。

3. 第三個案例，庶務組長周明文，是與同宗的宗親申報派下員，被認為申報不實，觸犯刑法第二百十四條使公務員登載不實罪，處三年以下有期徒刑、拘役或五百元以下罰金。這個罪，必須一申報，公務員就有登載之義務，不必經過實質的審查，以判斷其真實與否始予記載（七十三年臺上字第一七一〇號判例）。申報派下員，必須依其申報登記備查，無從查明其真假，因此要負申報不實之責。不過這個罪較輕，只是三年以下徒刑、拘役或五百元以下罰金（已提高十倍為五千元）。本案只判處罰金五千元，遇減刑時機，減一半為二千五百元，並諭知易服勞役之折算標準確定。這個罪，與偽造公文書的刑度，相差很多。

4. 偽造公文書與公文書登載不實，都是因為身份關係而成立之罪；必須有公務員之身份，以職掌公文書之製作權為前提。刑法第一百三十四條有公務員犯罪加重之規定：「公務員假藉職務上之權力、機會或方法，以故意犯本章以外各罪者，加重其刑二分之一。但因公務員之身分已特別規定其刑者，不在此限」。因為偽造公文書與公文書登載不實罪，已有身份之特別規定，故應適用但書之規定，不再加重其刑（五十二年臺上字第二四三七號判例）。第一案之教導主任楊進賢，因為兼

任人事管理員，自認簽到簿係由其管理，因此有權當督學與縣府人事課員之面，更正病假為公假，將公文書當作私文書處理，觀念根本錯誤。

5. 關於懲戒，第一案楊主任，在勤惰統計表上登載不實，又改病假為公假，被判兩個偽造文書罪，懲戒處分為記過二次。第二案翁建平主任偽造公文書，要更改考績為甲等，只判一個罪，就被降二級改敘。第三案庶務組長周明文，申報派下員不實，刑事只是被判罰金，懲戒處分就給他記過二次。三案的刑事處分與懲戒處分，比較起來，並沒有成正比；刑事判得重，懲戒不一定跟著重。第一案判了兩個罪，一年與一年六月，只有一次懲處記過二次；而第三案只判罰金，也是記過二次。可見懲戒處分的輕重，是依事件的性質，及其對於公務員的威信所生的傷害程度，而作綜合性的判斷。當然對於被付懲戒人過去的勞績，也會考慮，斟酌從輕議處；第一案的議決書，已經明白說明。

三、本節的省思

1. 公務員一定要辦理職務上的公事，這些公事就是公文書。辦理公文書一定要據實寫作，不能造假，否則就有偽造、變造、登載不實的罪責。一碰到這種官司，至

少要纏訟三五年，弄得筋疲力盡。偽造、變造公文書與登載不實罪，很少不成立的，事後想要找一些好聽的理由都沒有用，照樣非判刑不可。本節三案的情況就是如此。被告都敘述了很多動聽的理由，但是都無法推翻偽造文書的事實，要判罪，也要受懲戒，值得大家警惕，千萬不能存著僥倖的心理，想要脫罪。

2. 第一案的楊主任為了考列甲等，就不惜濫用其兼任人事管理員的職權造假，結果被判了兩個偽造文書罪，又被懲戒記過二次，再被調職，真是因小失大。第二案的翁主任更荒唐，為了更改考績為甲等，竟然一連串偽造覆審紀錄，盜刻校長官章、偽造學校公函、盜蓋學校公印。結果換來有期徒刑一年二月，以及降二級改敘又被調職，這更是損失慘重了。要知道有關公文書的犯罪，都是一年以上七年以下的罪，一沾上這個罪名，最少要判一年，不能碰的。如果事先瞭解這個利害關係，還敢以身試法嗎？教育行政人員，都要以此為鑑，不能重蹈覆轍。

3. 各級學校的老師或職員，固然都有他們家庭生活與社交生活的自由空間，外人不能干涉。然而私生活要檢點，不能違法亂紀，否則具有公務員身份的人，會受判刑與懲戒。第三案的周組長，就是一個例子。關於祭祀公業的糾紛，是非常麻煩的；不但層出不窮，而且越演越烈，民刑官司不斷，只要參與一次就無法脫身。因此聰明的人最好置身事外；有公務員身份的人，更不要跟他們廝混，否則麻煩

無止境。問題的重心，是爭財產，所使用的手段，則是無章法，使外人好像霧裡看花，不知道誰是誰非。打這種官司，又都是出於意氣用事，不論輸贏都沒什麼意思。因此凡是家族的官司，最好遠遠的避開，才是上策。

4. 學校行政人員不但要依法辦事，事事要守法，不能有一點破綻讓人攻擊，更要與同事相處融洽，通力合作，發揮團隊精神。因此做事與做人一樣重要；做事不能忘了做人，否則隨時會碰到阻力。本節一、二案楊、翁兩位主任，竟然與校長交惡，每天勾心鬥角，生活在痛苦之中。這種情形教務工作怎能做好？一旦被校長抓到了小辮子，整他一下，就完蛋了。這一回兩位主任固然失敗，校長贏了，然而校內與外界的評論又將如何？因此學校行政人員的訓練，除了本身業務的熟悉以外，做人做事的精神，也應該同步實施訓練，才可避免衝突，提高行政效率。

5. 第一案與第二案，都貴為教導主任，竟觸犯偽造公文書的罪名，他們兩人顯然不知道報表登載不實、更改病假為公假、偽造覆審紀錄與學校公函，有什麼大不了的事，才敢大膽這樣做。這個現象，完全是他們沒有法律常識所致。學校行政人員所應該辦的事務，非常繁雜，幾乎日常生活的事務，都包括在內。這些龐雜的事務，一定要瞭解其原因後果，要知道發生問題時所生的法律責任，否則根本沒有正確的對策，無法妥適處理。因此在職訓練應該多元化持續性的舉辦。文書作

業是很重要的一環，要教職員不犯錯，必須先讓他們知道這些法律知識，否則「不教而懲」，未免太苛刻，非教育之道。這個概念，可供教育行政機關參考採行。

第四章

腳踏實地服務禍端自然免除

第十七節 推銷書刊結果難堪（三案）

一、事實概述

㈠督學推銷太太經營之教學用品

本案案主是早年南投縣政府教育科的督學許天成，發生的時間在民國四十四年間。許督學的太太經營教學用品店，竟利用職權，向各學校推銷他太太經銷的教學用品，被移送公務員懲戒委員會懲戒。公懲會認為，許督學對於所屬各學校之教育及行政業務，有視察及報告的責任，乃不避嫌疑，推銷其妻經銷之教學用品，顯違公務員服務法第六條公務員不得假借權力以圖本身或他人利益之規定。乃議決減月俸百分之十，期間六個月。

本案資料來源：公務員懲戒委員會鑑字第二三七三號議決書。

㈡督學推銷補充教材

本案發生於民國五十二年間，案主是屏東縣政府督學駱鈞輝。他自五十一學年度起，即利用職務上之機會，向其所督導之溪北國小等二十校，介紹推銷寫字簿、兒童作文、標準習字簿及美術課本等補充教材。公務員懲戒委員會認為駱督學有違公務員服務法第五條之規定，應降一級改敘。

本案資料來源：公務員懲戒委員會鑑字第三三〇七號議決書。

㈢教育局課長推銷本人著作

本案主角是南投縣教育局第三課課長宋國瑞，發生於五十七年間。宋課長寫了一本書《全民體育概論》，竟假借職務上的權力，推銷他的著作共達九百多冊。公務員懲戒委員會認為他有違公務員服務法第六條之規定，議處應減月俸百分之十，期間六個月。

本案資料來源：公務員懲戒委員會鑑字第四二二九號議決書。

二、法律責任探討

1.本節三個案例，都是推銷參考書被懲戒的。各級學校的課本及參考書，因為競爭激烈，引起很多問題，教育部及教育廳，都曾數度函飭所屬各級學校，嚴禁教育人員推銷參考書。違反這項行政命令者，就要受懲罰。懲罰之道，有教育部、廳、局，直接懲處記過，以及移送公務員懲戒委員會懲戒。本節三案就是由公懲會懲戒的。至於由教育廳、教育局直接懲處的例子，也時有所聞。不過近年來，教育人員向學校推銷書刊的事情較少發生，校長也不容許，這是有成效的禁止結果。

2.公務員懲戒法第九條第三項規定：「九職等或相當於九職等以下公務員之記過與申誡，得逕由主管長官行之」。關於記過、申誡的標準，可由各機關學校視業務情形，自行訂定，報請上級機關備查（公務人員考績法施行細則第十三條第三項）。至於記大過之標準，則定於前列施行細則第十三條第一項第二款，共有五目。專案考績一次記大過二次免職的標準，則訂於前列施行細則第十四條第一項第二款，有八目。

3.本節三案，公務員懲戒委員會懲戒的理由，有的只引用公務員服務法第五條欠清

廉、謹慎，有的兼引第六條假借權力，以圖本身或他人之利益。按第五條之全文為：「公務員應誠實清廉，謹慎勤勉，不得有驕恣怠惰，奢侈放蕩，及冶遊賭博吸食煙毒等，足以損失名譽之行為」。該條共列舉了十一種禁戒的行為，並且概括規定「足以損失名譽之行為」，亦在禁止之列。本節推銷書刊，當然有欠清廉，並欠謹慎，且有損教育人員名譽。僅引用本條，已足作為懲戒之理由。第六條規定：「公務員不得假借權力，以圖本身或他人之利益，並不得利用職務上之機會，加損害於人」。本節三案情形，就是假借權力，圖利自己，因此違法。

4. 上述的圖利行為，是否與貪污罪重疊？應否構成貪污罪？如果構成貪污罪，就要依貪污治罪條例第六條第一項第四款或第五款，處五年以上有期徒刑，得併科新臺幣一百萬元以下罰金，刑罰相當重。貪污治罪條例上的圖利罪有兩種，一是對於主管或監督的事務，直接或間接圖利。二是對於非主管或監督的事務，利用職權機會或身份圖利。「所謂主管事務，指依法令於職務上對於該事務有主持或執行之權責而言。故對於職務上有執行權責之事務，藉端詐財，即屬該款所謂對於主管事務圖利」（三十一年上字第三〇四號判例）。重點在於職務上有主持或執行之權責，換句話說，有直接關係，是他的本職。如果沒有直接關係，只有間接關係或者類似關係，就不構成。本節三案，都沒有直接承辦執行的權責，因此尚不構

成圖利罪，只是違反行政規範而已，只應受懲戒處分。

5. 本節三案，所受的懲戒處分都相當重，第一案受到降一級改敘處分，第二案受到減俸百分之十，期間六個月之處分。降級改敘，有降一級與降二級，自改敘之日起，二年內不得晉敘、升職或調任主管職務。無級可降者，按每級差額，減其月俸，其期間為二年（公務員懲戒法第十三條）。減俸有減其月俸百分之十與百分之二十，期間都是六個月以上、一年以下。自減俸之日起，一年內不得晉敘、升職或調任主管職務（同法第十四條）。

三、本節的省思

1. 教育人員，尤其是校長、督學，絕不能為自己或為別人推銷參考書，否則會像本節的情況，不是降級改敘，就是減俸六個月，非常划不來。老師與校長，一定要知道推銷參考書，會引起這樣嚴重的後果，不能等閒視之。外界有很多親戚朋友，不知道這種利害關係，想要利用校長、督學、局長等身份，來推銷書刊或教學用品，一定要婉言告訴他們這個利害關係，不要害了你。如果他們不理解，要誤會你，也只有讓他們誤會了，要有抵擋違法亂紀的勇氣才行。

2. 向學生推銷課外書刊，是很不聰明的事；第一，學生與家長都會馬上表示反感，對老師的尊嚴傷害很大。第二，一本書賺不了多少錢，卻賣掉了老師、校長、或督學的人格，根本得不償失，何必這樣呢？第三，馬上會被檢舉，會受處分，洋相出大了，何必貪圖這種小利呢？如果能平心靜氣，稍微想一想，就不會去推銷書刊了。

3. 要知道文人相輕，學校裡面各種人才都有；喜歡說人閒話的，巴不得人家出洋相的，好興風作浪的，愛打抱不平的，到處都是。因此教育圈子裡，芝麻蒜皮的小事特別多，如果無意之間跟人家結怨，一有把柄，一定會遭受舉發。各級學校黑函特別多，因此一有差錯就無法脫身，像推銷參考書，學生與家長太多了，一定馬上會被檢舉，千萬不可推銷。

4. 向學生推銷自己所著的書，可能心中存有迷思；自認自己的著作很了不起，有使人瞭解閱讀、並且誇獎的必要。殊不知完全相反，實在是眼光太狹窄，根本不懂別人的看法。像宋課長所著的《全民體育概論》，要推銷給國小或國中的學生，不要說他們沒有時間去唸，也不可能有興趣唸。不買又不行，被迫買一本，實在心有不甘，當然就有閒言閒語了。因此教育工作者，要懂得學生的程度，瞭解別人的感受，才不會自討沒趣，惹些有損尊嚴的事端。

5. 要知道，社會上對於一些強迫推銷書報或雜誌的記者怎麼稱呼嗎？大家都知道，稱之為「文化流氓」。老師、校長或督學推銷書刊，性質一樣是強迫推銷，豈非也被人同樣歸類為「文化流氓」？這個頭銜實在太惡劣了，愛惜羽毛的人，知道這個現象，應該不會貪一時的小便宜，蒙羞於學生、家長與同事面前了。

第十八節　冒領配給津貼與出差費（五案）

一、事實概述

(一)人事主任冒領兒子實物配給

本案發生於五十三年間，案主是雲林縣西螺中學人事室主任鄒景森。鄒主任的兒子因案被送去感化教育。依照臺灣省公務人員生活必需品配給辦法第十三條第四款規定，親屬經判刑在執行或送感化者，不得領取實物配給。然而鄒主任並未申請停止實物配給，仍然照領達十七個月之久。公務員懲戒委員會認為顯有違失，議決記過一次。

本案資料來源：公務員懲戒委員會鑑字第三四二二號議決書。

㈡督學重領兒子配給

本案發生於五十三年間，案主是臺北縣政府教育科督學潘維常。他在升任督學前，於該科國民教育股股長任內，他的第三個兒子已經當了國小代課教員，自己領有配給，以後入伍服兵役，應該要報請停止他兒子的配給，但是沒有報停，前後重領兒子的實物配給十六個月之久。公務員懲戒委員會認為違法事證明顯，應記過一次。

本案資料來源：公務員懲戒委員會鑑字第三五二〇號議決書。

㈢校長住宿舍仍領房租津貼

本案發生於五十六年間，案主是新竹縣大庄國小校長吳豐隆。大庄國小於五十六年間興建宿舍一棟，工程費由家長會等單位補助，但是還不足三千元，經家長會開會議決由學校代辦費先墊付，以後在居住宿舍者每月房租內扣還。然而吳校長進住宿舍後，仍然領取有眷房租津貼，共領十五個月，金額三千元正。公務員懲戒委員會認為，吳校長既經配住公家宿舍，復領房租津貼，揆之公務員服務法第五條應謹慎之旨，亦屬有違。議決記過一次。

本案資料來源：公務員懲戒委員會鑑字第三八五五號議決書。

(四)主計主任遊覽報出差

本案發生於四十六年間，案主是省立岡山中學主計主任范秉仁。他以前在善化中學主計主任的任內，到臺東遊覽，竟報出差支領旅費。又列報赴臺北申請配給水泥與木材、赴岡山聘請教員等事由，均非屬其業務範圍。其於現職中，處理金門學生美援安置部份之生活津貼及設備支出，除一般學生課桌椅一百套，因科目經費不足，由金門學生生活津貼項下墊付，已徵收學生費用之後歸還在卷外，其餘開支，均難謂允當。公務員懲戒委員會認為前後兩部份違失之咎，要難諉卸。該會乃議決休職，期間六月。

本案資料來源：公務員懲戒委員會鑑字第二六四九號議決書。

(五)幹事虛報出差旅費

本案發生於八十五年底，案主是國立臺灣藝術教育館展覽演出組的幹事，三十歲的杜玉華。她奉派於八十五年十二月十七日至十九日赴臺中豐原出差三天兩夜，視察臺灣地區地方戲劇比賽工作。但是她並未依照所核准的出差請示單來辦理視察

工作，逕行提早一天返回臺北，且虛報旅費為三天。以後更正為二天，旅費尚未被冒領。案經教育部移送公務員懲戒委員會，議決申誡。

本案資料來源：公務員懲戒委員會八十六年鑑字第八五二一號議決書。

二、法律責任探討

1.本節五案，都是違背行政法規，只受到懲戒處分，沒有刑事處分與民事賠償。行政處分，也有違法的原因；其原因就是違背公務員服務法第五條與第七條的規定。第五條的規定是違背誠實、清廉、謹慎、勤勉等規範。第七條是執行公務，未能切實。另外第五案出差違規；依公務員服務法第九條規定，「公務員奉派出差，至遲應於一星期內出發，不得藉故遲延，或私自回籍，或往其他地方逗留」。幹事杜玉華提早一天回臺北，當然違法，因此要受懲戒。

2.過去二、三十年之前，公務員冒領配給及津貼的事情，可說層出不窮。大部份都由各該機關首長逕行懲處，沒有送到公務員懲戒委員會懲戒。本節第一案與第二案，都是冒領配給，第三案是冒領房租津貼，懲戒處分都只是記過一次，處分並不重。第四案遊覽報出差，另外巧立名目藉故出差，則處分休職六個月，比起前

三案的冒領配給、津貼重得多了。第五案也是出差，但是提早一天回來，事後馬上更正出差天數，還沒冒領到旅費，情節比較輕微，因此只給她申誡。

3. 本節五案，讓人直接聯想到是否有貪污的罪嫌？是否有貪污治罪條例第五條第一項第二款所定利用職務上機會詐取財物罪？或者第六條第一項第四款及第五款所定的圖利罪？

先探討是否成立詐取財物罪；此罪的本質是詐欺罪，且須利用其公務員的身份職務為之。詐欺罪的要件，必須施行詐術，使人陷於錯誤，因而交付財物。利用被害人的錯誤想法，趁機取財，也一樣構成詐欺罪。貪污治罪條例的詐財罪，就是利用公務員的身份地位，做為詐財的手段或途徑。這種詐財行為，必須要有主體與客體，客體就是被騙的人。然而機關本身，可否當作被騙的人？因為冒領配給或津貼，被害的客體都是機關本身，承辦人造假，騙機關領到錢，能說不是騙的嗎？儘管一般的想法是騙的，然而刑法畢竟有其處罰的構成要件，不能依常識性的瞭解來評斷。關鍵性的問題在於施行詐術，以及使人陷於錯誤二事。在第一案與第二案的冒領配給中，很難說具備此二要件。再者冒領的人，必須有證據證明他明知不能領，有詐領的故意；如果因為不知、誤會、誤信、疏忽或出於錯誤，因而未聲請停止配給，那就不能成立了。本節五案都沒有追究詐財貪污罪，原因

就是難以成立。

4. 再探討是否構成貪污治罪條例第六條的圖利罪?圖利罪的利益，必須是本機關以外所給予的利益，而不是本機關直接給予的利益。法條上所定的要件有兩種：一是主管事務圖利，二是非主管事務圖利。前者須對於職務上有執行權責之事務藉端詐財（三十一年上字第三〇四號判例）；後者「對於非主管或監督之事務，利用職權機會或身分圖利罪，必須行為人之身分，對於該事務有某種影響力，而據以圖利。又利用機會圖利，亦必須行為人對該事務，有可憑藉影響之機會，方屬正當」（七十三年臺上字第一五九四號判例）。對自己承辦的事務，或者自己保管的財物，加以領取或處分，當然犯法，這是侵占公物，構成貪污治罪條例第四條的罪，處無期徒刑或十年以上有期徒刑。然而冒領配給或津貼，畢竟不是侵占的行為；因為侵占是財物已經在他手上了，但是冒領則必須再辦一道行政手續，才可以拿到財物。圖利，則是因此而由其他管道獲得財產上的利益，不是直接由行為本身由本機關得利。因此冒領配給及津貼，尚難論為貪污。否則凡是違規犯紀的行為，統統可論為貪污，那麼公務員就動輒貪污了。

5. 依照公務員懲戒法第九條第三項規定「九職等或相當於九職等以下公務員之記過與申誡，得逕由主管長官行之」。第五案的主管長官，是國立臺灣藝術教育館館長。

被付懲戒人只是幹事，職位不可能高於九職等，本來可以自行處分記過或申誡而不自行處分，呈報教育部再移送公務員懲戒委員會懲戒，其原因不外兩個：一是認為應該受到比記過與申誡還要重的處分，二是不想當壞人，推給公懲會處分，以免受處分人怨恨。該案情節並非重大，公懲會只給她申誡，因此本機關的顧慮實在多餘，儘可自行從輕處分。

三、本節的省思

1. 二、三十年前，冒領配給或冒領津貼的事情很多，大部份都是不知法令規定而觸法，很少明知規定而蓄意冒領的。可見法律常識並沒有普遍宣導，公教人員誤觸法網，本機關首長自行懲處也好，移送公務員懲戒委員會懲戒也罷，都只是記過一次或申誡處分，並不太重。受到處分之後，知道違法的人多了，就互相告誡，不會為了小錢去犯法。這種現象可以說明兩點：第一點是懲戒處分具有教育作用，可以互相引以為戒。第二點是受處分人應該坦然面對事實，並且警告同事朋友，勿蹈其覆轍。
2. 關於出差，經常發現浮濫亂報的現象。第四案的主計主任，自己是管錢的，竟然

假借職務上的機會，濫報出差，領取些微的出差費，因而被休職六個月，實在得不償失，足以給貪小便宜的人，當頭棒喝。他個人可能有個幼稚的想法，以為他自己管會計報表，沒有人知道、看到這些報表單據，一定安全無虞，沒想到上級監督機關，還是會認真查核的，不可能馬虎過去。一旦被查到，處分就特別重；原因是攸關職務的正確性，同時也牽涉到他個人的操守。因此受了嚴厲的懲戒之後，一定還會影響將來的升遷，損失實在太大了，這種小便宜實在貪不得的。

3. 第三案的校長冒領房租津貼，是因為蓋宿舍不夠三千元，由學校代辦費先墊，再由住戶還給學校。而這筆錢畢竟是公家要負擔的，因此學校的會計出納，就以房租津貼的名義分期退還給校長。這種算法實在太笨，根本使人家看不懂，同時文件紀錄也沒有寫明白，因此以訛傳訛，就變成校長冒領房租津貼了。事實上，他哪裡有多領一毛錢呢？只是手續不清楚而已，因此才會從輕處分記過一次而已，理由是違反公務員服務法第五條應謹慎之意旨，而非誠實清廉，就可知並不是涉及到他的操守問題，否則必然是休職或降級以上的處分。然而只是手續不清，就處分記過一次，實在也不輕，值得校長、主任等行政人員警惕。

4. 關於公教人員的服務規章，大家都不太注意，一旦發生事情，才匆匆忙忙找資料尋理由。但是太晚了，事實俱在，無論怎樣自圓其說，還是漏洞百出，無法免除

責任，非受處罰不可。在這種情形之下，最好的處理方法，就是西洋的一句俚語：「誠實是最好的策略」。老老實實說出來，表示懺悔，一定改過自新，這樣才會獲得從輕處分的機會。否則想要一味強辯，只有從重處分，像第四案的主計主任，被休職六個月，就是一個好例子。

5. 老師、主任與校長，不可能一下子統統知道所有的法律規定；不要說沒有時間去看這些法令，況且教育部、教育局或各級政府，也沒有將法令歸類整理，發交學校老師、校長閱讀，一向都是任由個人「悉聽尊便」，自行設法。結果當然都沒有管道去瞭解切身的法令，因此每個人只能「自求多福」。然而法令規定太過繁雜，而校內校外的生活空間太大，不可能全部納入一個錦囊之中。不過不一定要懂得所有的法令規定，才可以避免犯法，其實只要堅守一般性的道德規範，就可以避免犯法了；因為犯法的事情，一定違反道德規範的。

第十九節　教導主任逢迎上級吃官司

一、事實概述

本案發生於八十三年六月，案主是嘉義市蘭潭國小教導主任黃玉燕。她負責承辦「嘉義市八十二學年度國小教師視聽教學媒體製作及運用研習活動」，經費尚有結餘，明知該活動之投影片優良作品，均由其本人與指導老師陳基康所評審，而縣政府教育局局長王松德、主任督學、督學、社教課長、國教課長等五名官員，並未實際參與評審，竟依校長指示贈送每人二千元評審費；繕造該研習會投影片優勝名單一冊，製作領取評審費收據，命該校工友送至縣政府教育局交局長王松德等五名上級官員，在優勝名單評審專項下，及評審費收據上簽名，各領取新臺幣二千元之評審費。

此事因調查局嘉義縣調查站依法對於教育局辦公電話執行監聽時，發現校長林志宏於八十三年六月二十九日上午九時三十五分，在電話中報告王松德說，視聽媒

體製作之作品，均已由陳基康利用晚上幫大家評審完畢，而上列五名教育局官員均可領評審費，他將叫工友葉進誠拿評審費過去等語。王松德答稱：「評審紀錄要拿來簽一下名，簽個名比較好」。調查站發覺上情，乃調查後移送嘉義地方法院檢察署，檢察官將黃玉燕以偽造文書罪提起公訴，法官以共同明知為不實之事項而登載於職務上所掌之公文書，將她依共犯判處有期徒刑一年，褫奪公權三年，緩刑三年。黃玉燕不服，提起上訴，刑事判決尚未確定。教育局長王松德等人，因另涉其他貪污罪，另案上訴中。

以後臺灣省政府再將黃玉燕移送公務員懲戒委員會。黃主任申辯稱：伊負責承辦「嘉義市八十二學年度國小教師視聽教學媒體製作及運用研習活動」，分為二十梯次，長達六個月，活動經費僅五十八萬元，其中二十萬元作為研習材料費、資料費、印刷費等，其餘三十八萬元分配於二十梯次的活動中，每梯次僅有一萬九千元，必須支付鐘點費、加班費、茶敘及各項雜支，不可能將評審費列為預算。為獎勵參加研習教師努力學習，籌備會議時議定擇優核發獎狀以資獎勵。評審人員，校長當場表示，小學部份，由校長、陳基康及伊本人擔任初評，上級教育局人員幫忙擔任複評。該研習後作品的評審，含伊在內共有八位，均以義務評審的心態，熱心參與評審。研習活動結束，結餘經費十餘萬元，請示校長結果，校長指示：參與評審者，

一次發一千元，每人領二千元評審費。其餘購買空白透明片及教學錄影帶分發各級學校，作為教學之用，均以雜支項目報銷。伊與校長如果有意詐財，豈會僅詐取區區之二千元？關於各評審人員之評審情形，有陳基康的證明書可證。伊確無明知教育局人員未參與評審而核發評審費之違法情事，亦不曾於檢察官偵查時自白犯罪，法官認為係共同詐財行為，顯係率斷。刑事部份已上訴二審中，敬請於刑事裁判確定前，停止審判程序，以免刑懲兩歧等語。

然而公懲會認為，調查局因為監聽錄音，發現校長林志宏已經很明白地報告局長王松德說，作品已由陳基康利用晚上幫大家評審完畢，教育局官員都可以領評審費，要叫工友拿評審費過去。王局長接著說，要拿評審紀錄來簽一下名，簽個名比較好。王局長、及其他四名官員，也都坦承各領取二千元評審費。黃玉燕於檢察官偵查時供稱：「前述作品，是我和大業國中陳基康於作品累積至一定數量後再共同評審；共分四次，第一次在八十三年一月底，第二次在八十三年三月中旬，第三次、第四次分別為五月、六月中旬」等語，而證人陳基康也說「由我及黃玉燕評審」，「我們二人共同討論……」，「評審每次都在白天，只有一次在晚上，其他都在他們學校評審」。檢察官問校長林志宏：「以上五人均明知未實際參加評審，卻在評審者項下簽名，並領評審費每人二千元？」林志宏答稱：「是的，他們均明知未參加評審而

加以簽名，並領取評審費每人二千元」等語。黃玉燕於調查局偵訊時亦稱「我經辦前述業務，完全依照校長林志宏指示。雖然發評審費給王松德等人與事實不符，但校長指示，我不能違背」。由以上事證綜合判斷，實際參與評審者，僅為陳基康與黃玉燕二人，黃玉燕主辦該研習會，竟按校長林志逢奉迎上級之指示，明知王松德等五名縣府官員未實際參與評審，不得領取評審費，竟提供名冊、收據予王松德等人簽名領取。黃玉燕執行職務顯然有欠切實，違反公務員服務法第七條之規定甚明。黃玉燕與陳基康事後之說詞，顯屬諉責飾詞，殊不足採。事證已明，聲請停止審議，核無必要。應依法酌情議處記過一次。

本案資料來源：公務員懲戒委員會八十四年度鑑字第七六八四號議決書、嘉義地方法院八十三年度訴字第七二四號刑事判決書。

二、法律責任探討

1.本案黃玉燕主任被追訴了刑事責任與懲戒責任。懲戒責任並在刑事判決尚未確定之前，就議決懲戒，各別認定其責任要件。事實的重心，在於何人實際評審？教育局長等官員有無評審？公懲會認定沒有，事實證據就是如上所述；依據黃玉燕、

校長、教育局長、教育局另四位官員、以及陳基康等初供，都說教育局長及其他四位官員，都沒有參加評審。以後這些人都翻了口供，公懲會委員都不採信，逕行認定事實證據，議決記過一次之懲戒處分。刑事程序進行中，公懲會認為有必要，固然可以決定在刑事裁判確定前，停止審議程序。但是先決條件，是懲戒處分應以犯罪是否成立為斷（公務員懲戒法第三十一條第一項）。本案不符合這個要件，認為事證已明，獨自裁處。

2. 黃主任所觸犯的罪名，是刑法第二百十三條的公務員登載不實罪，處一年以上七年以下有期徒刑。本來調查站進一步以貪污治罪條例第五條第一項第三款的職務上詐欺罪與公務員登載不實罪移送，經檢察官以偽造文書與刑法第三百三十九條第二項詐欺得利罪起訴。法官亦認為構成這兩種罪名，認為黃主任製作評審的名冊，提供教育局長及其他四名官員蓋章，作為評審的公文書，是登載不實，使每人領取二千元，有方法結果的牽連關係，是牽連犯。比較兩罪，普通詐欺罪為五年以下徒刑，而公務員登載不實罪則為一年以上七年以下徒刑，以偽造文書罪較重，因此以偽造文書罪處斷。貪污治罪條例第五條的利用職務上機會詐取財物罪，處七年以上有期徒刑，刑度很重。但依行為時的貪污治罪條例，必須所得財物或不正利益，在新臺幣九千元以上才適用；如情節輕微，所得在九千元以下者，適

用有較輕處罰的刑法處斷（舊貪污治罪條例第十二條第一項），然而所犯的罪，還是貪污罪，因此也要依照該條例第十七條宣告褫奪公權。然而貪污治罪條例已於八十五年十月二十三日修正公布實施，新法第十二條已經修改：一旦認定構成貪污條例的罪名的話，不能依較輕的刑法處斷；必須所得財物在五萬元以下，才能減輕其刑，最多減一半處刑。本案不論為貪污治罪條例第五條的詐欺罪，而論以刑法的普通詐欺罪與偽造文書罪，從一重論處，完全是因為行為時的貪污治罪條例的規定，與刑法偽造文書的比較適用結果使然，犯罪行為包括偽造文書與詐欺在內。

3. 本案第一審經嘉義地方法院判處有期徒刑一年，褫奪公權三年，緩刑三年。褫奪公權再緩刑，實務上一直有兩個司法院大法官的解釋，互相衝突。四十四年釋字第五十六號說：「公務員被判褫奪公權，而其主刑經宣告緩刑者，在緩刑期間內，除別有他項消極資格之限制外，非不得充任公務員」。而四十八年釋字第八十四號說：「公務員依刑事確定判決，受褫奪公權刑之宣告者，雖同時諭知緩刑，其職務亦當然停止」。褫奪公權是從刑，為刑法第三十四條所明定。第三十七條第二項規定：「宣告六月以上有期徒刑，依犯罪之性質認為有褫奪公權之必要者，宣告褫奪公權一年以上十年以下」。第五項規定：「依第二項宣告褫奪公權者，自主刑

執行完畢或赦免之日起算」。而褫奪公權，是剝奪當公務員與公職候選人的資格（刑法第三十六條）。如依照大法官釋字第五十六號解釋，仍然可以當公務員；但是依照釋字第八十四號解釋，就要馬上停職。這樣跟緩刑的意思就不符合了；因為緩刑，是緩其刑之執行，其效力為「緩刑期滿，而緩刑之宣告未經撤銷者，其刑之宣告失其效力」（刑法第七十六條）。而三十七年院解字第三九三〇號更揭示：「刑法第七十六條所謂刑之宣告失其效力，包括主刑從刑在內。曾受徒刑及褫奪公權之宣告者，於緩刑期滿，而緩刑之宣告未經撤銷時，依該條規定，褫奪公權之宣告，亦失其效力」。可見主刑與從刑都在緩刑之列，但是釋字第八十四號解釋，則完全相反，要馬上停職。何去何從，銓敘部與司法院多次公事往還，還沒有定論。

4. 刑法第二百十三條公務員登載不實事項於公文書罪，其刑度跟第二百十一條的偽造變造公文書罪的刑度一樣，都是一年以上七年以下有期徒刑。立法目的，是在保護公文書的正確性。其成立要件，「除客觀上公務員在其職務上所掌公文書，有為虛偽不實之登載行為，且足生損害於公眾或他人外，其在主觀上須明知為不實。所謂明知係指直接之故意而言」（六十九年臺上字第五九五號判例）。登載不實，經常都是一種手段行為，最常見的是作為詐欺的手段，與詐欺之間，有方法結果的牽連關係，應從一重處斷。所謂「從一重處斷」，是以較重的罪名來論罪科刑。

普通詐欺罪只是五年以下徒刑，而登載不實事項於公文書罪，則為一年以上七年以下有期徒刑，當然重於詐欺罪，應依登載不實事項於公文書罪處斷。很多犯罪型態，手段行為的罪名重於目的行為，像本案一樣。

5. 懲戒上的記過，沒有大過小過之分；只有行政上的「懲處」，才有記大過、記小過之分。行政上的「懲處」，有考績法上的效果；於年終考績時，併計成績，增減總分。獎懲可以互相抵銷。累積二大過者，年終考績應列丁等。專案考績，一次記二大過者，免職（公務人員考績法第十二條第一項）。「公務人員平時考核，應併入年終考績增減總分。嘉獎或申誡一次者，考績時增減其總分一分；記功或記過一次者，增減其總分三分；記一大功或一大過者，增減其總分九分。增減後之總分，超過一百分者，仍以一百分計」（公務人員考績法施行細則第十六條）。年終考績獎懲：考甲等者，晉本俸一級，並給與一個月俸給總額之一次獎金。考乙等者，晉本俸一級，並給與半個月俸給總額之一次獎金。考丙等者，留原俸給。考丁等者，免職（公務人員考績法第七條）。受公懲會記過處分者，比懲處上的記過還要嚴重：自記過之日起一年內不得晉敘、升職或調任主管職務（公務員懲戒法第十五條）。在不得晉敘的一年內，考列甲等或乙等者，也不得發給獎金，亦不能取得升等任用資格（公務人員考績法施行細則第十條第二項）。

三、本案的省思

1. 本案可作為傳統「馬屁文化」的警示燈：向長官拍馬屁，結果害了自己，更害了長官，實在是罪孽。校長為了拍馬屁，利用辦活動的機會，送他們一點好處，搖尾逢迎。可歎的是教育局長等五位教育局官員，也不用腦筋想一想，這個小錢可不可以拿？竟不假思索，滿口答應，並囑咐拿評審紀錄來簽一下名。好像校長這樣被拍馬屁，是天經地義很正確一樣。結果因為區區二千元，就引來無窮禍患，懊悔莫及了。前提問題，是基本觀念的問題：這個觀念，就是俗話所說的「無功不受祿」，沒有做什麼事，怎麼有理由領錢呢？凡是不明不白的錢，是不能領的；貿然領了，一定有麻煩上身，不可不謹慎，絕不可貪這個小便宜。

2. 本案是校長林志宏以電話向教育局長王松德報告，要送給他與教育局官員評審費，被調查局監聽錄音，而後連同其他貪污案件一起移送偵辦的。也許林校長認為請局長及教育局有關官員領取評審費，是理所當然的事；身為校長的人，不送一下秋波，好像不太像話。然而這種想法，實在大錯特錯。怎麼可以拿公款來作公關呢？如果是職務上應該花公款做的，當然沒有問題，但是只限於主管的特支費而

已，此外不可能有公款可以花。要知道公款是不能隨便花的，否則一定會受懲戒。

本案林校長一開始，觀念就錯誤了，指示教導主任黃玉燕要教育局長與官員領取評審費，當然也有責任。不過其刑事與懲戒部份，與教育局長等官員一樣，未與黃玉燕同案受懲戒而已。當校長的人，要指示部下做事，能不深思熟慮嗎？

3. 黃玉燕主任完全按照校長的指示辦事，卻惹來一身官司與懲戒，實在很倒楣。她可否以服從長官的命令來解免法律責任呢？如果可以的話，就不會被判刑又懲戒了。為什麼不能免責呢？刑法第二十一條第一項規定：「依法令之行為，不罰」。第二項規定：「依所屬上級公務員命令之職務上行為，不罰。但明知違法者，不在此限」。重點在第二項但書，是否明知違法，不是依照你個人所說所辯的，而是依照一般情況認定的；凡是客觀上可以認定應該知道的，就不能免責了，因此免責情形等於沒有，值得大家注意。當下屬的人，一定要自己判斷是非，是否合法，自求多福。

4. 本案如果發生在今天，一定會判得更重；因為如同上述，貪污治罪條例已於八十五年十月二十三日修正，情節輕微的案件，不再適用較輕的刑法科刑，只能依貪污罪減輕其刑。以本案說，利用職務上的機會詐取財物兩千元，也要適用該罪判刑，只是可減輕其刑而已。其刑度是七年以上，減輕一半也要三年半以上。不過

自白還可以一半（同條例第九條後段）。同樣的情形，如有圖利情事，也非依貪污治罪條例處刑不可，刑度最輕是有期徒刑五年，縱然減一半，還有兩年半，還是很重的。教育行政人員，必須特別注意，絕對不能貪小便宜，為了幾千塊錢，就葬送了前程。

5. 本案的一大啟示，是要改革逢迎拍馬的文化。事實上威權的制度已經瓦解，代之而起的是實事求是，論才幹憑本事的時代。當公務員也不是很稀罕的事業，不一定一輩子幹公務員幹到退休不可。因此不必拉關係攀交情，不幹公教工作，改行做別的事業，也大有前途。在這種風氣之下，長官不能盼望部下拍馬屁，反而要多多拉攏部下替他拚成績，這才是領導統御的好方法。如果長官沒有才能，幾年以後，可能會成為部下的部下。今天常看到，昔日的部下，躍居為今日的直屬上司了，那怎麼做下去呢？如果以往沒有逢迎拍馬這一套，現在還可以自然發揮，否則只好走路了。

第二十節　體育組長濫用職權

一、事實概述

本案發生於八十五年間，主角是臺中市大德國中老師兼體育組長，四十七歲的王德山。

王組長於八十五年間，先後數次，叫籃球隊的學生，於假日練習或比賽後，到他的內弟林長春所開的體育用品社，去剪體育服裝的線頭，每次二至三小時。剪完線頭後，未給酬勞，僅請學生吃麵及喝飲料。經學生家長向臺中地方法院檢察署舉發，移交臺中市政府政風室會同教育局查證。王組長坦承其事，並有學生十五人敘述屬實。因此報請臺灣省政府移送公務員懲戒委員會懲戒。

王組長申辯稱：他沒有利用職權剝削學生。他強調一向主張「生活教育重於技術訓練」，以此理念來教導及訓練學生。平常對學生的生活照顧有加。擔任教職已經二十餘年，兢兢業業，努力認真，以學生之進步為生命之喜樂。曾榮膺臺灣省六十

五年特殊優良教師，及臺中市六十六年、八十二年與八十四年共三年推展體育有功教師，並獲教育部獎牌嘉勉。七十五年兼任體育組長，事務繁雜，但他從未以為苦，從未計較沒有寒暑假，沒有星期例假，只為學校體育發展犧牲奉獻，十數年如一日。先後榮獲記功十次，嘉獎六十次。所以他絕對不會利用職權剝削學生。訪談記錄中第八項弘佳體育用品社，負責人是登記他的內弟媳許錦玉，不是他的內弟林長春，他本人也沒有股份。他在訪談時說，是他的內弟林長春所有，他也有股份等語，都是錯誤，應該更正。他經常在比賽後，為了獎勵學生，經常招待學生用餐喝飲料。服裝也免費給學生穿用，盡心盡力照顧學生。師生情感交融，可說亦師亦友，從未想到剝削學生勞力，或利用職權壓榨學生等語。提出附件七件為證。

然而公懲會委員認為：王德山於八十五年間，先後數次利用職權，要籃球隊學生，於假日練習或比賽後，到弘佳體育用品社剪體育服裝的線頭，每次二、三小時。剪完之後未給酬勞，僅請學生吃麵及喝飲料。此等事實，業據學生顏文進等十五人，於臺中市政府調查時供述屬實，有問卷調查表十五份可稽，且被付申誡人於臺中市政府會同教育局查證時，亦坦承「大概二、三次」，「比賽完帶他們回來，尚未用餐，還有一點時間，順便帶他們去剪線頭」，「沒有給工資，只有請同學吃麵喝飲料」，亦有訪談記錄可按。事實已經明確。被付懲戒人提出之申辯書，雖否認其事，顯係事

後卸責之詞。所提附件二即學生洪新泉等之書面，並不足以推翻前述被付懲戒人要求學生剪線頭之事實。所提附件五即多次受獎之事實，僅得作為處分輕重參酌之依據。其餘證據，亦均不足為免責之論據。核其行為，係違反公務員服務法第六條公務員不得假借權力，以圖本身或他人之利益之規定，應依法酌情議處。乃議決：王德山記過一次。

王組長不服，聲請再審議，但是仍被公懲會駁回。

本案資料來源：公務員懲戒委員會八十六年度鑑字第八二七二號議決書、及八十七年度再審字第八七九號議決書。

二、法律責任探討

1. 王德山只有一種公務員的懲戒責任，沒有刑事責任及民事責任。本案是學生家長檢舉的，他們以為王組長這種行為是犯罪行為，因此向臺中地檢署檢舉。檢察官發現不是犯罪行為，處分不起訴後，移給臺中市政府去處理。臺中市政府政風室才會同教育局去查證，才查出上情，移送懲戒。

2. 本案受懲戒的原因，是違反公務員服務法第六條禁止公務員濫權的規定：「公務

員不得假借權力，以圖本身或他人之利益，並不得利用職務上之機會，加損害於人」。本案王德山組長濫權的行為，就是叫學生去做私人的事情。體育組長的職責，是訓練各種運動選手，但是不可以叫選手做訓練以外的工作，更不可以叫他們做自己或親人的私事。否則當然會被人家認為假公濟私，濫用職權了。本案的情形，只要王組長有叫學生去剪衣服的線頭，不論體育用品社是何人所開，都違反公務員服務法第六條的規定，非受懲戒不可了。

3. 刑事案件，從調查、偵查到審判，警察、調查員、檢察官及法官問案時，都可以製作筆錄，那是根據刑事訴訟法第四十一條的規定：「訊問被告、自訴人、證人、鑑定人及通譯，應當場製作筆錄，記載左列事項：一、對於受訊問人之訊問及其陳述。二、證人、鑑定人或通譯如未具結者，其事由。三、訊問之年月日及處所」。「前項筆錄應向受訊問人朗讀或令其閱覽，詢以記載有無錯誤」。「受訊問人請求將記載增、刪、變更者，應將其陳述附記於筆錄」。「筆錄應命受訊問人緊接其記載之末行簽名、蓋章或按指印」。這一條規定，原為檢察官與法官訊問時的規定。然而警察及調查員也同樣適用。因為刑事訴訟法第二百三十條、第二百三十一條規定，警調人員是司法警察官或司法警察，應受檢察官之指揮，偵查犯罪，當然可以製作訊問筆錄。

4. 政風室及教育局能否查案？其他行政機關首長能否派員去查案？查案時能否製作筆錄？要不要讓受訊人簽名蓋章，如受調查人不願接受製作筆錄或者雖然接受訊問，但是不願在訊問筆錄上簽名，那怎麼辦？刑事案件的偵查訊問，有法律規定為依據，但是行政上是否違法失職的調查，並沒有法律規定應如何去調查，更無明文規定能否製作筆錄。一般見解，都認為可以詢問對方及有關人員。理由是援引監察院行使調查權時，不但可以向機關調取有關文卷，還可以詢問相關人員，作成筆錄，由受詢人署名簽押（監察法第二十六條）。教育局及政風人員，負責調查行政違失，類似行使監察權，當然有調查權與詢問權，應該同樣適用此種規定。

5. 行政機關的調查方式，並不限於詢問，如有其他證據足以證明其違法失職，也大可不必詢問其人，逕行移送懲戒即可。不過本案情形，乃是學生家長檢舉，就要調查事實證據。調查的方法並無一定的方式或限制，只要合法且可行的方法都可以。本案採取向學生問卷、向王組長訪談的方式，來印證家長的檢舉是否實在。調查結果，認為實在，移送懲戒後，亦為公懲會委員所認同，構成懲戒原因，予以懲戒。又王組長事後說，他不明白公司的組織情況，在訪談時說錯話，要加以更正，已經太晚了。只要承認，明白寫在筆錄上，以後要翻案就難了。因為案重初供，刑事筆錄如此，其他筆錄也是一樣。

三、本案的省思

1. 老師切忌叫學生去幫他做私事，否則會受懲戒，本案就是一個好教訓。老師要做的事，必須在學校中做，不要叫學生到校外去做閒事，否則家長一定會懷疑老師的動機，縱然是基於一片好意，也會被抹黑；被說得一文不值還算運氣好，像本案被當成不法而檢舉，最後被懲戒記過，就更加悽慘了。

2. 當老師的人要瞭解，學生有幾十種，家長也同樣的有幾十種，並非人人都尊敬老師，大家都認同老師的想法與做法。本案王組長利用假日訓練籃球選手，還請學生吃麵喝飲料，縱然請學生幫忙剪衣服的線頭，也不是做什麼壞事，對於學生不可能產生什麼損害，何必在雞蛋裡面挑骨頭，非找老師的麻煩不可呢？這個事實，證明很多家長是很難纏的小人，應該隨時提防，才可以保平安。

3. 要叫學生做事，必須把握住大原則，千萬不要因小失大，像本案一樣，弄得灰頭土臉。找學生去剪衣服的線頭，能夠節省多少工錢？有沒有幾百塊？為了節省幾百塊錢，讓家長講閒話，已經划不來。因此再意外受懲戒，更感窩囊了。不可因

為經常招待學生吃麵喝果汁，就可以隨便叫學生做私人的事情。做事要有分寸，不能太率性。雖然經常請學生吃飯，經常做這種好事，但是學生家長並不知道。但叫學生去做私事，家長風聞其事就火大，馬上給你顏色，這就是家長的嘴臉，當老師的人不可不知道，不可不警惕。

4. 凡是詢問作筆錄，必須深思熟慮，不可隨便答詢。對於不利的詢問，回答之後就很難翻供。除非能夠舉出反證，才有翻供的機會。因為一般人都認為「案重初供」，翻供無理。但是最重要的是，要把握重心回答。要抓住重心，才是最重要的事。本案的重心是有無叫學生去剪衣服的線頭，其他的問題，都不重要。王組長對於這個重心問題，只是輕描淡寫的辯說，是在請學生吃麵以前，順便帶他們去剪線頭而已。然而移送書已經指明：每次都叫學生剪線頭二至三小時，他這種說法，簡直強詞奪理。他對於這個重心問題並沒有多說，反而強調要更正他在訪談時所說的兩點，一是體育用品社負責人登記為其內弟媳，不是他內弟。二是更正他沒有參與股份，他不是股東。再來強調他的功勞獎牌，根本沒有把握住重點。

5. 公務員的懲戒，功過不能相抵；不像考績，功過可以相抵。當然提一下以前的成績與功勞，可以作為懲戒上酌量輕重的參考，但是重點仍然應該擺在被移送的違失行為上。最好的答辯，是針對事實證據，提出理性的答辯，不能一味否認，強

詞奪理。一般移送懲戒的案件，都是證據確鑿，最好坦白承認錯誤，請求從輕處分，敘述一些足以使人原諒，深具悔意的說詞，才會獲得比較輕微的懲戒。

第廿一節　小貪的結局是大慘（四案）

一、事實概述

㈠文化中心組長假報銷

本案發生於七十九年九月間，案主是臺東縣立文化中心藝術組組長，三十八歲的黃文煥；以及該中心推廣組組員，四十歲的林天從。

臺東縣立文化中心於七十九年九月間，獲得行政院文化建設委員會、教育部及臺灣省政府教育廳的補助，先後在臺東縣、彰化縣、臺中市、臺南縣、以及高雄市等文化中心，巡迴演出「射日英雄——山地神話故事」活動。黃組長事先以其個人名義，向臺東縣文化基金會預借十萬元，以支付該活動的行政費用。演出活動結束後，他先償還實際支出費用八萬二千二百八十元。然而他竟為了假報銷，向臺東市經營東光攝影禮服店的馮光明謊稱以前有一張收據遺失，請馮光明給他一張蓋有店

章與私章的空白收據。如此騙得一張空白收據後，自行填上金額一萬五千元，偽報為馮光明應聘至臺南縣立文化中心錄影的費用，將其黏貼於職務上所掌的憑證黏貼單上報銷。組員林天從也明知黃組長沒有聘請馮光明去錄影，竟在黏單經手欄上核章，使黃組長順利辦理假報銷，持向該文化中心從嗣後教育部撥付的補助款中，以轉帳核銷的方式，提撥一萬七千七百二十元償還該文化基金會，黃組長因而免除應償還的一萬五千元，將該款飽入私囊。黃組長經臺東地方法院及花蓮高分院判處有期徒刑三年，褫奪公權三年，他不服，向最高法院提起上訴。林天從於第一審雖然判決無罪，但是第二審他供稱事實上並沒有看到錄影帶，以登載不實於公文書罪，被改判有期徒刑一年，緩刑二年。他沒有上訴而確定。公務員懲戒委員會不待黃組長判決確定，認定他與林天從都有違背公務員服務法第五條及第六條的規定，違失之咎，洵無可辭，逕行議決：黃文煥休職，期間一年。林天從記過二次。

本案資料來源：公務員懲戒委員會八十三年度鑑字第七四九六號議決書、臺東地方法院八十三年度訴字第六號刑事判決書、臺灣高等法院花蓮分院八十三年度上訴字第三〇六號刑事判決書。

(二)出納組長侵占學生學雜費

本案發生於八十年九月至八十一年八月，案主是省立竹山高中出納組長曾永信。竹山高中於八十年九月，收取該校學生八十學年度第一學期學費、課業費、補校學雜費等共三十萬九千七百二十一元，交給出納組長曾永信辦理存入銀行手續。他沒有把錢存入銀行公庫，竟自行偽填「臺灣省政府收入繳款書」，然後提出於該校會計室，作為已繳款之憑證，以呈報臺灣省審計處報銷，使臺灣省審計處以為該款確已如數解繳公庫。八十一年三月間、六月間、八月間，又分別將其公務上所持有的輔導費、住宿費、補校註冊費、美術體育招生報名費等共計一百五十五萬七千二百七十元，以同樣偽造文書的方法報銷，將該款侵占入己。案經調查局南投調查站移送檢察官偵查起訴，臺灣省政府亦移送公務員懲戒委員會懲戒。公懲會認為該案事證明確，顯然違背公務員服務法第五條應誠實清廉，第六條不得假借權力以圖本身利益之規定，而且情節非輕，不待刑案第一審判決，即逕行議處應予休職，期間一年。

本案資料來源：公務員懲戒委員會鑑字第七一六二號議決書。

㈢總務主任收取便當回扣

本案發生於八十年八月至八十一年元月間，案主是彰化縣花壇國中總務主任，四十九歲的李添文。

李主任於上列時間，以家長會名義簽約，索取一成之回扣，連續於八十年十月八日（有兩次）、十一月九日、十一月十八日、十二月十六日、八十一年一月十三日共六次，向承包該校學生制服、書包、皮帶之商人久美服裝廠、樹人工業社，與供應學生便當作為午餐之彰化自助餐、太子、奇麗、爽爽、欣欣等便當社，共計收取四十八萬八千五百六十三元。校長黃勝雄取用三萬八千六百四十四元外，將三十一萬二千八百九十七元，交由李添文主任保管應用；他前後支付花壇國中師生赴蘭嶼自強活動二十二萬四千九百零五元，新生訓練會餐一萬三千八百元，一年級導師會餐一萬元，中秋節贈送老師兩瓶醬油共四萬四千九百四十元，慰問管理組長賴復興三千元，購買桌球桌子及球拍一萬六千二百八十元。案經調查局彰化調查站，以貪污罪嫌移送彰化地檢署檢察官偵查起訴。彰化地方法院判決無罪，臺灣高等法院臺中分院則改判有罪，以圖利他人罪名，判處李添文及黃勝雄各有期徒刑二年六月，二人不服，均上訴最高法院。

李添文被起訴後，即被降調為該校教師，免兼總務主任。又在刑事判決尚未確定之前，公務員懲戒委員會即就李添文部份逕行審議。他雖然辯稱，全案係由家長會會長林河泉出面與廠商接洽簽約，要求廠商若有錢賺，要回饋家長會，此即本案之回扣款。伊均用以支付學校師生之福利，且每次均由家長會長簽章支領，足證確係家長會收取及支付。支付情形，如上述事實無訛，但此事並非總務處之主管事務云云。然而公懲會認為事證明確，復有單據影本附卷可考，李添文亦承認係協辦事務，自與其職務有關，並無於該案刑事判決確定前停止審議程序之必要。他顯然違反公務員服務法第五條及第七條之規定，違失之咎，委無可辭，乃議決記過一次。

本案資料來源：公務員懲戒委員會八十四年度鑑字第七七三〇號議決書、彰化地方法院八十二年度訴字第一二一九號刑事判決書、及臺灣高等法院臺中分院八十三年度上訴字第二三八四號刑事判決書。

(四)文化中心主任贈畫吃官司

本案發生於八十一年八月間，案主是雲林縣立文化中心主任，六十五歲的陳燦煌。陳主任為推廣海峽兩岸文化交流，於上列時間舉辦「兩岸當代名家書畫聯展」；由雲林縣美術研究學會承辦，財團法人雲林縣文教基金會協辦。雲林縣美術研究學

會理事長林立鑫乃出面邀請兩岸書畫名家臺灣之呂佛庭、大陸之潘進武與喬修業等十八人，提供作品共八十五書幅，在該文化中心展覽。聯展結束後，上述參展書畫暫存該中心博物組保管。詎陳主任受各界喜愛藝術好友之索討，竟擅將參展作品七十九幅，分贈各界友人。經林立鑫追討，共追回七十幅，尚有九幅迄未追回，陳主任以十六萬五千元給付林立鑫作為抵償。案經雲林地方法院以業務侵占罪，判處有期徒刑一年六月，褫奪公權一年，緩刑五年。陳主任不服，提起上訴。

在刑事判決尚未確定之前，公務員懲戒委員會即逕行審議。陳主任雖辯稱：林立鑫於八十一年八月十二日陪同大陸畫家喬修業與潘進武二人前來辭行時，林立鑫向他說：「大陸作品送給有功人員，給你做人情，但臺灣作品不能送人，作者來領時，才給他們」。有王明和為證。大陸畫家喬修業有公證書，潘進武也有授權書。伊被收押期間，已有七十幅書畫自動送回，未收回之九幅，也由同事侯進誠出面應林立鑫之要求，給他十六萬五千元，由林立鑫出具收據，載明七十九幅全部收回。刑事判決有誤，尚在上訴中，請傳訊證人五人，並提出喬修業與潘進武之公證書與授權書。然而大陸畫家潘進武的授權書載明：參展作品五件退回，五件送他處參展，其他作品委託林立鑫全權處理，並沒有授權陳主任私行送人，且臺灣畫家作品要退還作者，不可擅自處理。因此公懲會認定陳主任顯然有違公務員服務法第五條與第

六條之規定，不必再訊問五名證人，也不用等待刑事判決確定，就議決記過二次。

本案資料來源：公務員懲戒委員會八十四年度鑑字第七七四六號議決書。

二、法律責任探討

1. 本節四案都牽涉侵占罪。侵占罪有三種：一是普通侵占罪（刑法第三百三十五條），處五年以下有期徒刑、拘役或科或併科一萬元以下罰金。二是業務侵占罪（刑法第三百三十六條第二項），處六月以上五年以下有期徒刑，得併科三萬元以下罰金。三是公務侵占罪（刑法第三百三十六條第一項），要適用貪污治罪條例第四條第一項第一款所規定的重大貪污罪論處：處無期徒刑或十年以上有期徒刑，得併科新臺幣一億元以下罰金。普通侵占罪與業務侵占罪，最高刑度都是五年以下有期徒刑。只有最低刑度有差別：業務侵占罪，最少六個月徒刑，而普通侵占罪，則可以判處罰金。公務侵占罪是貪污罪，最少要判有期徒刑十年，還可以併科一億元以下罰金，刑度相差實在太大。

2. 三種侵占罪的共同要件，是侵占的行為。所謂侵占，其先決要件，必須先持有別人的東西，然後將別人的東西變成自己的東西。二十年上字第一五三號判例揭示：

「刑法上之侵占罪，以持有他人之物而實行不法領得之意思為構成要件，自必須所侵占之物，於不法領得以前，即已在其實力支配之下，始與持有之要素相符」。持有的原因有很多種，寄放、保管、借用、質押、撿到、委託轉交別人等等，不論因為契約或事實行為，都包括在內。五十二年臺上字第一四一八號判例即明白說：「刑法上所謂侵占罪，以被侵占之物，先有法律或契約上之原因，在其持有中者為限，否則不能成立侵占罪」。換句話說，手上已經拿到別人的東西，才可以處分這個東西。將持有變為所有，即處分這個東西的行為，就是侵占。怎麼變？怎麼處分呢？就是將手上別人的東西當成自己的東西賣掉、當掉、送給別人、或者丟掉。如果沒有處分的行為，而只是違約延不交還，或者發生糾紛拒絕交還，都不能認為侵占（七十一年臺上字第二三〇四號判例）。

3. 本節四案中，雖然都是拿到了錢或書畫，並且用掉或送人，即處分手上的東西了，但是各案的犯罪結構與型態並不相同，因此並非統統成立侵占罪。第二案是公務侵占即重罪的貪污，至少要判十年以上有期徒刑，連續犯又要加重其刑，因此該案一定會判有期徒刑十幾年無疑。第四案是業務侵占，不是貪污。因為陳主任所持有的書畫，並不是他經常性在公務上所持有，只是與兩個私人單位共同辦理此次畫展而已，其持有他人書畫的原因，是他業務關係應予保管，他擅自贈送給各

界好友，就是處分的行為，那就成立侵占罪了。嗣後他馬上收回七十幅，補償七幅的價金十六萬五千元。告訴人林立鑫已經寫收據載明已經全部收回，為什麼還要判刑呢？因為侵占罪是即成犯，易持有為所有時，犯罪就成立了，以後雖然收回退還，照樣成立侵占罪，只是犯罪的態度良好，可以做為從輕量刑的參考而已。六十七年臺上字第二六六二號判例說：「侵占罪為即成犯，於持有人將持有他人之物易為所有之意思時，即行成立。苟非事前共謀，則其後參與處分贓物之人，無論是否成立其他罪名，要難論以共同侵占」。陳主任被判有期徒刑一年六月，雖然不輕，但是宣告緩刑五年，不必坐牢，算是實質上考量從輕處罰了。

4. 第一案黃組長是以偽造文書假報銷的方式不要還錢；依其犯罪的手段來看，並不是單純的侵占行為，而是以詐騙的手段來完成犯罪，乃觸犯刑法第二百十三條公務員登載不實於公文書罪，以及貪污治罪條例第五條第一項第二款「利用職務上的機會詐取財物罪」；二者是牽連犯，應依較重的貪污罪處斷，要判處七年以上有期徒刑，得併科新臺幣六千萬元以下罰金。然而他有兩次減輕其刑的原因：一是情節輕微減輕（貪污治罪條例第十二條第一項，所得在新臺幣五萬元以下者減輕其刑）。二是刑法第五十九條犯情可憫的減輕。因此黃組長判了有期徒刑三年。因為犯了貪污罪判刑者，一定要宣告褫奪公權，因此對他一併宣告褫奪公權三年。

但是組員林天從，則只是單純觸犯前述刑法的偽造文書罪一罪而已，沒有共犯貪污。該罪可處一年以上七年以下有期徒刑，他因此被判有期徒刑一年。

以前舊的戡亂時期貪污治罪條例第十二條規定，貪污所得財物在三千元以下者，適用有較輕處罰規定之刑法或其他法律處斷。但是新的貪污治罪條例於八十五年十月二十三日修正後，第十二條已經修改為不管金額多少，都要依照貪污治罪條例判刑；只是所得財物或不正利益在新臺幣五萬元以下者，減輕其刑。因此黃組長仍依貪污罪判刑，但減輕之。

5. 第三案的總務主任李添文收取學生制服、書包、便當等回扣，是觸犯貪污治罪條例第四條第一項第三款的重大貪污罪，至少要判處十年以上有期徒刑，得併科新臺幣一億元以下罰金。第一審判決無罪，原因是法官採信被告的辯解，認定是家長會所為，將錢交給學校作為老師與學生的福利。但是第二審不採信被告的說詞，認為那是掩人耳目的脫法行為，實質上是總務主任與校長共犯收取回扣的行為，因此改判有罪。然而只判有期徒刑二年六月，是減輕其刑兩次：一次是自白減輕（貪污治罪條例第八條第一項）。另一次是刑法第五十九條犯情可憫減輕。有罪或無罪的重心問題，是家長會出面簽約收取回扣，而後交給學校支用，是否合法？客觀上說，收取回扣的契約，一定是違法的，這個部份無效（民法第七十一條）。

但是這個契約真的不是學校所主導的嗎？顯然很難讓人家相信，因此認為有罪判刑。

三、本節的省思

1. 本節第一案至第三案，都是因為貪心而惹的禍。第四案文化中心主任，將畫家的書畫隨便做人情贈送好友，那是太大意了。前三案貪心的後果，是很悽慘的；像第一案的黃組長，為了區區一萬五千元，就犧牲了自己的前途，被判刑三年，褫奪公權三年，多麼不值得！第二案的竹山高中出納組長侵占公款一百八十幾萬元，要被判刑十幾年，更是划不來。第三案的總務主任與校長自作聰明，以迂迴的方法，假藉家長會的名義，向廠商收取回扣，來支付自強活動的經費與聚餐的費用。以家長會作為擋箭牌，沒想到官司打不完，第二審法官認定有罪，判了有期徒刑兩年六個月，被降調為教員，又被懲戒，實在值得大家提高警覺。

2. 想要假報銷，其心理一定是認為萬無一失，自信他的智慧高人一等，因此有恃無恐，放大膽子幹下去。沒想到政府機關的檢查與考核制度，超出他的想像之外，一下子被查到了，趕快找理由設詞彌補，但是已經無法補破網了。這叫做人算不

如天算，天網恢恢，疏而不漏。試想一個人的智慧，怎能勝過變幻莫測的周遭環境呢？第一案的黃組長，他向攝影禮服店的老闆騙了一張空白收據來偽造文書報銷，但是當時並沒有據實告訴老闆。等到事發，老闆根本不知其事，調查站問話時已經老實說了，臨時要串供也來不及了，再怎麼狡辯也沒用了。這個實例，就是叫我們千萬不能假報銷，否則吃不完，兜著走。

3. 管金錢的會計出納，一定要操守廉潔；其先決要件，是思想觀念要正確，不能有絲毫邪念。要知道利害後果，一定是身敗名裂，廉潔的意念千萬不能動搖。政府歷年來都大力宣導嚴辦貪污；公務員觸犯貪污罪，就會被判重刑，並且會被社會唾棄，這是大家耳熟能詳的事。當公務員的人，不可能不知道這種常識。然而想不到仍然有人不怕死，以身試法，膽敢侵占公款，實在太笨了。像第二案的出納組長，實在沒有人同情，真是自作孽不可活了。

4. 凡是碰到有關金錢的事情，一定要老老實實，依照法令處理，不能別出心裁，自作聰明，想要混水摸魚。須知一碰到官司，警、調、檢三個單位，都是從最不利的觀點來追訴犯罪的。然而一般人總是從最有利的觀點著想；只聽好的一面之詞，自我安慰一番。等到出了事，還要嘴硬，強辯自己有理。但是法官卻不這樣想，而且沒有通融的餘地。如第三案的總務主任，以家長會作擋箭牌收回扣，還是無

法沒事。因此不要動歪腦筋，是最好的策略。

5. 要處分別人的東西，一定要獲得物主的同意，並且要取得同意書為憑，才可處分。否則將來發生糾紛，會扯不清楚，是非難辨。第四案的文化中心主任陳燦煌，已經六十五歲了，在退休前夕，惹了大麻煩，將參展的書畫贈送給朋友，以後與主辦的美術研究學會理事長林立鑫發生衝突。結果無法證明物主有授權讓他贈送別人，因此被認為業務侵占，判處徒刑一年六月。雖然宣告緩刑，畢竟留下污點，大家應該引以為戒；取得同意書，就平安無事了。

第五章
會計出納不可作假

第廿二節　主計人員應避嫌（四案）

一、事實概述

(一)主計主任與佐理員分向出納借錢

本案發生於四十三年間，案主是臺中師範學院的前身，省立臺中師範學校主計主任戴永康。他明知該校出納員何明義有虧款情事，不知謹慎處理，未依會計程序先製傳票，逕在提領現款之支票上蓋章，致發生出納捲款潛逃。戴主任又未經校長核准而私自向出納借支，陸續積欠三千餘元。同室會計佐理員王石川，亦常向出納借支，積欠二千四百餘元。違失之咎，均無可辭。公懲會議處戴永康降一級改敘，王石川記過一次。

本案資料來源：公務員懲戒委員會鑑字第一九五五號議決書。

㈡主計主任與佐理員分向學校借款

本案發生於四十八年至五十二年間，案主是省立屏東農業學校主計主任劉益鈞，及省立潮州中學會計佐理員柯天來。劉益鈞主任於四十八、九年間任職屏東農校主計主任時，結欠該校一萬三千元。四十九年六月調任省立潮州中學主計主任後按月歸還。截至五十二年十二月底，計積欠潮州中學六千一百九十元。該校同室會計佐理員柯天來，於五十年間因家屬三人開刀手術，向該校借支，截至五十二年十二月底，計積欠六千一百元。依當時的會計法第三十五條規定：「各種會計報告表，應根據帳簿編造，並使便於核對」。然而該校五十年五月與六月份，五十一年五月份，關於員工借支明細表與會計報告之金額，均有差額。其等二人竟不依會計法之規定，按月編製會計報告表，而任意濫記，致發生帳戶金額與會計金額不符，有差額達數千元之多。公務員懲戒委員會認為，其等二人縱無偽造會計報表之故意，但違失之咎，實無可解免。乃議決劉益鈞、柯天來各降一級改敘。

本案資料來源：公務員懲戒委員會鑑字第三三〇五號議決書。

(三) 主計員向包商借錢

本案發生於五十三年間，案主是當時的新竹縣立第二女中主計員歐宜坤。他不知道遠避嫌疑，竟向該校營建工程之包商借錢兩萬元，親寫兩萬元之收款條給包商。以後又代理其妻與包商打官司，引起物議，被控瀆職，雖然沒有成立，經檢察官不起訴處分，但是公懲會仍然認為有違公務員服務法第十七條應行迴避，第二十一條第一款不得私相借貸等規定，咎責無可解免。乃議決歐宜坤應減月俸百分之十，期間十月。

本案資料來源：公務員懲戒委員會鑑字第三四九七號議決書。

(四) 教育局科員利用關係借錢

本案發生於六十四年四月間，案主是臺北市政府教育局科員洪萬教。他承辦研考業務，負責市屬各學校建築工程追蹤考核工作。因為業務上之機會，與信義國小總務主任王仁政相識，乃以購屋為由，於上列時間向王主任借用二萬元，雖經王主任催討多次，迄未償還。六十八年四月間，又乘和平國小增建地下室工程完工時，向該校總務主任林仁德說，教育局工程考核小組即將來學校，囑咐他作準備。旋即

以私人急需用錢，向林主任借用四千元。數星期後，洪萬教又主動邀約兩所國小校長及總務主任至臺北市松江路駿豐園餐廳吃飯，餐費五百多元，由該兩所國小分攤。公懲會認為洪萬教顯係利用身份關係，假藉權力，圖利於自己，議決降二級改敘。

本案資料來源：公務員懲戒委員會鑑字第五〇七二號議決書。

二、法律責任探討

1. 本節四案，都只是追究懲戒責任，未涉及刑事責任與民事責任。第一案與第二案，都是主計主任及佐理員，向出納及學校借錢，竟然遲未歸還。第三案是主計員向包商借錢。第四案是利用考核學校工程之身份關係，向總務主任借錢不還，又揩油請客，等於變相的索賄。認真追究起來，如果符合索賄的要件，又有相當的證據的話，有可能會涉及貪污罪責。

2. 公務員服務法第十九條規定：「公務員非因職務之需要，不得動用公物或支用公款」。換句話說，公物與公款，任何人都不准動用借用。主計主任在管學校財務，竟然違背規定，大膽借用學校的公款，並且拖延好幾年還沒還清，好像借用私人的錢一樣，實在想不通他們是怎麼一回事。等到被懲戒之後，才知道犯錯了。

3. 第三案向包商借錢，是違犯了公務員服務法第十七條的規定：「公務員執行職務時，遇有涉及本身或其家族之利害事件，應行迴避」。第二十一條第一款又明定：「公務員對於左列各款，與其職務有關係者，不得私相借貸，訂立互利契約，或享受其他不正利益：一、承辦本機關或所屬機關之工程者」。這兩條規定，乃凡是與公務員本身或其家族有關者，尤其是承包本機關之工程者，都要迴避，不能利用機會或濫用權勢揩油。然而這位主計員竟然向包商借錢，且有借無還，形同索賄。如果債主心一橫起來，控告他索賄，這個官司一定有得打。

4. 第四案，教育局科員向其所監督的學校總務主任借錢，也是有借無還，形同揩油。如果這兩位總務主任咬他索賄，他也很難脫身。當時的戡亂時期貪污治罪條例有特別規定，貪污的金額在新臺幣九千元以下者，適用普通刑法處斷。本案借了（索取）二萬元，就要依照貪污罪判好幾年了。這位科員也是觸犯上述第十七條應迴避利害的規定及第二十一條第一款應迴避包商之規定。利害迴避條款，今天已經廣泛地應用到各種實體法、程序法、以及行政法上面。因此這個規定，今後將更擴大適用並認真落實，公務員應該特別重視之。

5. 這四案的懲戒處分都很重：第一、二、四案都降一級甚至降二級改敘，第三案也減俸百分之十，期間十個月。有很多犯了罪然後移送懲戒的案子，也沒有處分得

這麼重。可見主計人員的操守，很受重視。因此對於這些案子歷年來都從重懲戒。降級改敘，不論降一級或降二級，都自改敘之日起，二年內不得晉敘、升職或調任主管職務（公務員懲戒法第十三條第一項）。減俸，有減百分之十及百分之二十兩種，其期間為六月以上、一年以下。自減俸之日起，也是一年內不得晉敘、升職或調任主管職務（同法第十四條）。

三、本節的省思

1. 借錢是民事問題，儘可找親戚好友借。何必找那些跟自己職務有關係的人借錢呢？這樣會讓人家直接聯想到一定沒有安好心，人格一定有問題，何必讓人家這樣看不起呢？因此利害關係迴避條款，不但是法律問題，也是人格尊嚴的問題，一定要很嚴肅地遵守這個規定。否則人格操守讓人家打折扣，又要受懲戒，是自作孽了。

2. 我們生活在法治社會中，事事要守法；而守法的義務，必須從公務員做先導。現在民氣越來越強，事事要拿公務員開刀，如果有一點小辮子被民意代表或者一般的人民發現，就會動用抗爭，將你鬥垮拉下馬來。就連私生活中的細微末節，有心人也會大做文章，莫說未迴避瓜田李下之嫌了。時代進展如此，利害關係迴避條款，非加倍遵守不可。

3. 很多人說，現在的公務員難當，簡直是「官不聊生」了。因此二、三十年前公務員的優越地位已經不再了，人民才是公務員的「頭家」，社會地位大加改變，觀念與風氣也隨著改變。這個現象，就是公務員不能有濫用職權、機會、或方法得到一點小便宜，就連外觀上也不可讓別人有所懷疑。本節的四個案例，如果發生於今天，說不定會更加嚴重。尤其是第三、四案，被揩油的人一定不會放過敲他竹槓的人。

4. 向公家借錢，很難使人相信是真的借貸關係；調查局與檢察官，會朝最不利的方向偵辦。所謂最不利的方向，就是認定他是侵占公款。如果要辯解，必須拿出證據來證明沒有侵占。證據在哪裡呢？事先縱然寫一張借據，也沒人會相信；人家會認為那是事先佈局的。為什麼這樣想呢？因為公款不能動用，是天經地義的事。你說不知道，怎麼會令人相信呢？人家一定會認為是遁詞的。可知向公家借錢的危險，千萬不可再嘗試。

5. 向包商借錢，也是很危險的事；經常發生包商藉此機會偷工減料。如果認真監工監督，他馬上還以顏色，執此污點大做文章，要讓你乖乖聽話。如果反目相向，

倒楣的人一定是你這位公務員。時代變了，人心也變壞了，你要吃他，他要吃誰？因此貪小便宜一定會誤大事，千萬要小心，才能保平安。社會上什麼人都有，公務員不可能比商人還精明，佔他一點便宜，他非連本帶利討回十倍不可，能不小心嗎？至於向公務員同行揩油，一定馬上會爆發，就像第三、四案一樣，怎能任他猖狂下去呢？第四案的教育局科員，就這樣斷送了前途了，這是前車之鑑。

第廿三節　出納組長怎可不管帳冊

一、事實概述

本案的主角是高雄市鹽埕國小老師孫錦祥，發生的時間是在民國六十六年七月至六十九年二月間，他在屏東縣枋寮鄉建興國小當老師，兼任該校出納組長期間出的事。他當出納組長，對於學校教職員的薪資，以及各項給與等經費的支出，要製作印領清冊，且依照規定要親自製作。他竟然不自己製作各種印領清冊，委由主計洪昌邦製作，致洪昌邦順利虛報金額一百多萬元，詐領了一百多萬元公款。而且於登帳時，他已經知道各項支出之總額，與縣政府撥款之總額不符合，竟然在帳冊登載各項不實之支出細目與總額，經屏東調查站查獲，以共犯貪污罪嫌移送屏東地方法院檢察署，經檢察官以共犯偽造文書及侵占公款罪嫌提起公訴。

孫錦祥辯稱：他兼任出納組長，是校長指派的。他本職的教師工作，相當繁忙，事實上無法兼顧，況且依據慣例，擔任出納，只是名義，學校內一切造冊、蓋章、

發放、請領，一概由擔任主計的洪昌邦一個人負責。他不懂會計法令，也缺乏專業知識，蕭規曹隨，未加檢討，以致洪昌邦利用機會詐領公款，殊感遺憾。然而他實在無共犯或知情不報等不法之行為，請判決無罪，以免冤枉。法官查明僅係主計洪昌邦一人所為，孫錦祥無共犯罪嫌，給他判決無罪。檢察官不服，提起上訴。高雄高分院就孫錦祥部份之上訴，判決駁回確定。洪昌邦判十二年，仍然上訴最高法院中，尚未確定。

刑事判決無罪確定後，公務員懲戒委員會認為他兼任出納工作，自應切實按照規定，親自製作全校員工之薪津及各項給與等經費之印領清冊，竟放棄職責，委由主計洪昌邦辦理，致使洪昌邦得以順利虛報金額，詐領公款，發生貪污弊案。此等情節，業經受懲戒人於申辯書中承認不諱，核與公務員服務法第五條所定公務員應謹慎勤勉，第七條所定公務員執行職務應力求切實之規定有違，應依法酌情議處。於八十二年四月九日議決：「孫錦祥記過二次」。

本案資料來源：臺灣高等法院高雄分院八十一年度上訴字第八三九號刑事判決書、公務員懲戒委員會八十二年度鑑字第六九九九號議決書。

二、法律責任探討

1.本案的被告孫錦祥組長，被懷疑共同偽造文書及侵占公款罪，經檢察官提起公訴，幸而經法官查明，僅係主計洪昌邦一人所為，判決無罪。檢察官不服，提起上訴。二審判無罪之後，檢察官仍然可以表示不服，向最高法院上訴。如此一來，官司可能要拖上兩三年。本案是二審判決無罪後，檢察官沒有上訴，無罪的判決就告確定了。

2.判無罪確定後，為什麼還要懲戒呢？因為公務員懲戒法第三十二條規定：「同一行為已為不起訴處分或免訴或無罪之宣告者，仍得為懲戒處分；其受免刑或受刑之宣告而未褫奪公權者，亦同」。懲戒的理由，還是公務員懲戒法第二條所定違法與失職兩種。本案懲戒記過二次，客觀地說並非很重。

3.本案孫錦祥違反什麼法呢？是違反公務員服務法第五條及第七條的規定。第五條的規定是：「公務員應誠實清廉，謹慎勤勉，不得有驕恣貪惰，奢侈放蕩，及冶遊賭博吸食煙毒等，足以損失名譽之行為」。這一條的規定，幾乎是無所不包了。第七條更規定：「公務員執行職務，應力求切實，不得畏難規避，互相推諉，或

無故稽延」。孫組長份內的印領清冊，不自己做，完全任由主計洪昌邦胡來，當然違背這兩條其中的部份規定了。

4. 孫組長辯說，他們學校的傳統，出納組長都是掛名的，實際上都是主計洪昌邦一個人在做而已。這是他們學校的弊病，並不是每個學校都是如此。以這個事實作為請求免責的理由，實在很可笑；當然無理由，無法免責了。但是這是事實，被告要證明它，使法官相信這個事實，才可判他無罪。

5. 檢察官指訴稱，孫錦祥在登帳時，已知各項支出之總額與縣政府撥款的總額不符，竟在帳冊登載各項不實之支出細目及總額，認為共犯偽造文書及侵占公款。這是調查員及檢察官的猜測，認為一般情形，應該知道才對。然而這種臆測，沒有證據證明，已經很難論罪，被告再提出相當的反證，就可以判無罪了。刑事雖然無罪，仍然要受懲戒記過二次，算是很幸運的了。

三、本案的省思

1. 學校的任何職位，絕對不可單單掛名而已；一旦出了問題，絕對不能推說掛名就可以無事的。像本案的孫組長，刑事責任受到牽連，差一點吃上刑事官司。費了

很長的時間打官司，好不容易才判決無罪，但是仍然要受懲戒。這都是糊裡糊塗掛名的後果。看了他的下場，誰敢再掛名呢？

2. 老師答應兼任行政職務，就要切實努力，認真兼任，不可敷衍塞責，否則就不要答應兼任行政職務。本案恰好是一個活的教材，可以給兼任行政職務的老師們，作個最好的殷鑑。還值得深思的是，不能存有僥倖的心理，以為最後會像孫組長一樣沒事，說不定刑事與懲戒同時會上身。

3. 擔任主計與出納的人，要常常交流，固定時間對帳，一方面可以校正錯誤或缺失，一方面也可以防止弊端，使有意作弊的人，望而卻步。這樣為個人及為公家都有好處；個人不會犯罪或受到懲戒，學校也不會壞了名聲。

4. 目前各機關學校的出納手續，都是先蓋章後領錢；而且蓋章後經過很久，才可以領到錢。因此一般人，都不會注意蓋章的名目與數額。領錢時又沒有拿印領清冊來給人對照，以資徵信及瞭解。這樣承辦人想要搞鬼，就有很大的空間了。主計及出納單位，必須改進其作業程序，務必完全透明化，使人瞭解，更使承辦人無法作弊才好。

5. 第一審法官判無罪，檢察官為了維護立場，大都會提起上訴，使被告再跑法院好幾個月，好像在找無辜的被告麻煩。然而所謂無辜，是你自己講的，檢察官、甚

至別人，卻認為你是罪證確鑿，罪有應得的！一打起官司，是非常麻煩的事，法官、檢察官、證人、社會大眾，每個人都有不同的看法，不可能都跟你的看法一樣。最重要的事，是要冷靜沉著，盡力找出有利的證據，長期抗戰打官司。像本案一樣，最少也得花兩年的時間，才可平反，要急也急不來。最好的辦法，是不要惹上官司。

第廿四節　挪用車款與鐘點費（二案）

一、事實概述

(一)總務主任挪用車款

本案發生於七十七年六月，主角是花蓮縣秀林鄉銅門國小總務主任許信義，四十五歲。他於七十七年六月，在花蓮縣水璉國小當教導主任期間，與同事花重德及吳秀珠，以互保方式，向臺灣省教育會申請消費性購車貸款，每人新臺幣二十萬元，分三十六期償還，每月一期繳交五千九百九十六元。花重德與吳秀珠二人，都把錢交給許信義，委託他一起去繳款。不料許信義每個月拿了他們兩人的錢以後，都沒有代為繳款，而自己拿去花掉了。從七十七年七月起至七十八年八月止，共十三期，前後將兩人委託的車款共十五萬五千八百九十六元，統統花掉。案經法務部調查局花蓮縣調查站查獲，移送花蓮地檢署檢察官偵查起訴。法官審理的時候，被告許信

義辯稱，他大部份都有按期繳納，只有三次因為家庭發生事故而延期繳納。然而全部貸款於八十年六月期滿時已經全部償清，他並沒有侵占的行為等語，提出花重德及吳秀珠所寫的書面報告為證。但是法官仍然以連續侵占罪，判處許信義有期徒刑十月，減為有期徒刑五月，緩刑三年。許信義放棄上訴而確定。

以後花蓮縣政府呈報臺灣省政府，移送公務員懲戒委員會，許信義仍然申辯：他沒有侵占行為，花、吳兩位老師委託繳款的錢，已經全部繳清了，提出花、吳兩人的書面報告為證。但是公懲會仍然給他懲戒「記過二次」。

本案資料來源：花蓮地方法院八十年度易字第三三〇號刑事判決書、公務員懲戒委員會八十年度鑑字第六五七二號議決書。

(二)國中出納組長挪用教師鐘點費

本案發生於八十七年五月至七月，主角是花蓮縣光復國中出納組長，六十歲的張麗芬。她於八十七年五月至七月挪用該校四筆教師兼代課鐘點費：五月份十一萬三千四百元，六月份十萬六千九百二十元，八十六學年度下學期教育優先區鐘點費二十四萬元，及八十七年七月份教師鐘點費五萬六千元，金額總計五十一萬六千三百二十元。光復國中教師至八十七年八月仍未領到五、六月份的鐘點費，覺得奇怪，

紛紛查詢。經該校人事及會計單位派人調查，始知係出納組長張麗芬從中作祟。同月二日該校校長即命張組長退休或辭職，張麗芬當場承認她「走投無路，始犯此過錯」，請求原諒，願意接受退休，乃於同月十日申請退休。同年十月八日張麗芬又往花蓮調查站自首，而後移送花蓮地方法院檢察署偵查起訴。但在花蓮調查站還沒移送花蓮地檢署以前，臺灣省政府就移送公務員懲戒委員會懲戒。

張麗芬申辯稱，她多年來，於寒暑假期間，都受外地籍老師之託，代繳民間互助會會款、房屋租金、水電費與電話費等事宜，口頭約定如其等有可領之金錢須暫由其保管，以便代為支出，其等均應允，以後均自動出具證明書證明之。五月份鐘點費十六萬九千五百六十元，伊已按各教師該領之鐘點費五萬六千一百六十元全數存入其帳戶，餘額十一萬三千四百元，乃由伊暫時保管，以便支付其等應付之會款，絕非加以挪用。六、七月份鐘點費及教育優先區鐘點費也是如此。此次因入帳問題，遭有心人士質疑，伊乃主動前往調查站說明，本欲澄清此事，不料調查站製作筆錄時，伊因身心煎熬，舊病發作，對眾多數字金額無法記憶，調查員為急於完成其工作，誘導伊承認有挪用之情形，並說不會有事。伊在不懂法律，不知「挪用」與「代為保管」之區別的情況下，依其誘導作答。申辯人之夫曾任縣議員、副議長、議長，夫婿經商有成，擁有之財產亦非鮮少，斷無欠缺幾十萬元款項而加以挪用之動機。

此事純係為同仁服務之額外工作，並無不法所有之意圖。況所有帳目均在開學之初於校務會議以前，整理清楚入帳。應領款之老師，無一人認伊有挪用之行為，請深入調查。

然而公懲會委員發現，被付懲戒人在檢察官偵查時已經承認挪用前列四筆金額不諱，並有該國中調查被付懲戒人挪用教師鐘點費事件之報告及所附轉帳差額情形表可稽。被付懲戒人於檢察官偵查時並自白：「我家中經濟狀況不佳，向外借貸之金錢、會錢等，人家催討甚急，我實在借貸無門，不得已才挪用公款，臨時應急」等語。有花蓮地方法院檢察署八十七年度偵字第三八七九號偵查卷筆錄可考。因此公懲會不採信其申辯，並且認為事證明確，不必等待刑事判決，就自行認定懲戒責任，將她議處休職三年。

本案資料來源：公務員懲戒委員會八十七年度鑑字第八七七八號議決書。

二、法律責任探討

1. 許信義主任是觸犯刑法第三百三十五條的普通侵占罪，處五年以下有期徒刑、拘役或科或併科一千元（銀元）以下罰金。他前後十三次，將花、吳兩位老師委託

繳款的錢花掉了，這就是連續侵占。因為他是教導主任，職務不是管錢的，侵占的錢也不是他職務上所經辦的事務，而是私下受同事之託，要拿去代繳而未繳，私自花掉了，因此是普通侵占。但是第二案張麗芬組長是出納組長，她的職務是管錢的；她管發放該校教師鐘點費的業務，但是她竟侵占了這些鐘點費，就構成公務侵占，也就是貪污罪，觸犯貪污治罪條例第四條第一項第一款侵占罪，處無期徒刑或十年以上有期徒刑，得併科新臺幣三百萬元以下罰金。比前述許主任所犯的普通侵占罪重了好幾倍。

不論普通侵占、公務侵占或業務侵占，侵占罪的構成要件，是處分別人委託保管的物品或金錢。處分的方式，有用掉、花掉、當掉、賣掉或設定抵押，或者贈送給別人，把別人的東西當作自己的東西處理掉。處分別人的東西，就是把別人的東西轉變成自己的東西，這就是侵占了。侵占的行為一完成，犯罪就是既遂了，以後雖然還了錢，還是不能免除刑責，只可認為犯罪後的態度良好，可以減輕其刑而已。學理上說：「侵占罪是即成犯，於持有人將持有他人之物變易為所有之意思時，即行成立」（見最高法院六十七年臺上字第二六六二號判例）。

2. 第一案被告挪用了十三次委託款，每一次都成立侵占罪，侵占了十三次，當然是連續犯。刑法第五十六條規定：「連續數行為而犯同一之罪名者，以一罪論。但

得加重其刑至二分之一」。連續好幾次犯相同的罪，是從犯人的外觀行為看。另外還要看犯人的主觀意思，必須出於「概括的犯意」，即「其多數行為，自始都在一個預定計劃以內，出於主觀上始終同一犯意之進行。若中途另有新犯意發生，縱所犯為同一罪名，究非連續其初發之意思，即不能成立連續犯」（見最高法院七十年臺上字第六二九六號判例）。第二案的張麗芬組長，也侵占了四次，也是連續犯，也要加重其刑，不過要加重多少，由法官看犯罪情節而定。

3. 第一案發生的時間在七十七年七月至七十八年八月，花蓮地方法院審判時是八十年間，而政府剛好在七十九年十二月二十九日頒行「中華民國八十年罪犯減刑條例」，凡是在七十九年十月三十一日以前犯罪者，都可以減刑，因此許主任獲得減刑；原來判處有期徒刑十月，減一半為有期徒刑五月，並且宣告緩刑三年。他被判緩刑，就放棄上訴而確定了。第二案張組長的犯罪時間在八十七年五月至七月，沒有減刑令。八十年的減刑令，特別分成甲乙兩類，甲類只減三分之一，乙類才減一半。侵占公款的貪污行為屬於甲類，只減三分之一，表示對於貪污犯的有限度饒恕。

4. 連續犯的數行為，可能拖很長的時間，像第一案有一年又一個月。如果有一部份的行為在減刑的時間外，那怎麼辦？最高法院七十年臺非字第一三五號判例說：

當連續犯罪遇到了減刑時，雖因一部行為在減刑令之前，一部行為在減刑令之後，但是連續犯既以一罪論，即應以最後行為時，作為減刑與否之標準。如最後犯罪行為，已在減刑令之後，即均無罪犯減刑令之適用，有司法院民國三十六年院解字第三五四〇號解釋可資覆按。因此連續犯是以最後的行為作結論的。

5. 連續犯與繼續犯不同；繼續犯是單純一罪，連續犯則是擬制一罪，每個行為都可以獨立成一罪，只是刑法第五十六條規定以「一罪論」，但是可加重其刑二分之一，至於是否加重，由法官決定。繼續犯是以一個行為持續的侵害一個法益，其特性是只有一個行為，不過被侵害的不法狀態，是在持續狀態中（見最高法院七十一年臺上字第一〇二七號判例）。繼續犯也與接續犯有別：繼續犯是狀態的繼續，接續犯是使用好多動作來完成一個犯罪行為，不過它也是單純的一罪。

第一案的懲戒是記過二次，還不算重。第二案則較重，給她休職三年。然而被付懲戒人張麗芬組長早於懲戒之前就辦好退休了，給她懲戒是否有用？因為退休之後，還有可能再做事，再到其他公家機關服務。這種情形，公懲會的懲戒就有作用了；那就是在被處罰休職三年的期間內，不能再出來擔任公職，還是有懲罰作用的。

三、本節的省思

1. 俗話說：「受人之託，必須忠人之事」，這是千古名言，能夠奉行不悖，一定可以博得美名；相反的，如果無法奉行，出了歪主意，那就像本節一樣，一定要吃上侵占官司了。出納組長對於金錢的處理，要有非常堅定的原則，不能和稀泥，公私不分。如有人找麻煩時，怎麼辯解都很難讓人家諒解，非吃大虧不可了。管錢的人，能不警惕嗎？

2. 受託代管金錢物品，絕對不能用掉花掉，否則縱然事後很快買回、贖回、或補回，都已經無法免除罪責了。很多人認為錢已經還了就沒事了，這是大錯特錯的，第一案恰好提供給你一個好教材，以矯正錯誤的觀念。

3. 關於金錢物品，非萬不得已，最好不要委託他人處理，否則出了問題，一定糾纏不清，好朋友馬上變成惡仇敵，同時會大打官司，傷財又傷神，非常不值得。出納或會計絕對不要學第二案的張麗芬組長，說替人家繳會錢，從應該發給人的鐘點費或者薪水中扣除，一有誤會，就不可收拾了，誰相信她這樣申辯是不是真的？

4. 第一案是由調查站查獲後移送地檢署起訴判刑，跟一般的刑事案件不太一樣；一般刑案，大都由被害人向警局、檢察署提出告訴，或者直接向刑庭提起自訴。調查局有十大職掌，但是對於犯罪案件，只辦貪瀆、走私、漏稅、或者上級長官交辦的重大案件，並非承辦所有刑事案件。調查局辦本案，可能是被害人檢舉許主任貪污，調查站當成貪污案來辦。結果發現不是貪污，而只是普通侵占罪。也有可能調查站自己查許主任的貪污罪，而非花、吳兩位老師檢舉。因為許信義是總務主任，才會特別受到懷疑。可見總務主任的操守特別重要，不要有空隙讓人家懷疑。

第二案的張麗芬，自己到調查站自首，自己承認侵占公款，說得很明白，事後卻大加否認，怎麼令人相信呢？如果真的像她說的，只是要去說明清楚，為什麼不事先寫好說明書，讓人家一看就明白，不用再顛來倒去，越說越不清楚。

5. 凡是財產犯罪，比如侵占、詐欺、竊盜、贓物，於犯罪後，要趕快返還財物，才會判輕一點，也有可能判緩刑。如果硬不賠償，法官會認為犯罪後的態度惡劣，會判重一點，也沒有緩刑的希望了。第一案許主任判了緩刑，公懲會給他記過二次，還可以繼續上班，飯碗還沒丟掉。受了這次的教訓以後，能夠謹慎行事，仍然還有前途。至於第二案還沒有判刑，結果如何還不知道。不過四筆錢都已經還

清了，一定會朝她有利的方面考量的。但是貪污罪是重罪，判罪的話，刑度不會輕，然而她是自首又自白，一定可以減輕其刑，但是很難減到兩年，很難緩刑。

第廿五節　公款私存的後果（二案）

一、事實概述

(一)出納組長公款私存

本案發生於民國八十年元月至八十一年五月底，主角是國立雲林工專出納組長陳麗玉，五十一歲。她在這一年五個月之間，將為學校領回轉發的公款支票一百六十九張，金額新臺幣一千五百四十九萬四千九百二十九元，以及將應領回退還之收入退還款六筆，共九十萬一千八百九十七元，總計一千六百三十九萬六千八百二十六元，統統存入她私人在華南銀行虎尾分行之活期儲蓄存款帳戶第五〇一〇三號之內，經審計部國庫審計處抽查發現，檢附陳麗玉設於華南銀行虎尾分行之活期儲蓄存摺、存款日期別、交易資料查詢單，陳報教育部，由教育部移送公務員懲戒委員會懲戒。

公務員懲戒委員會通知陳麗玉申辯，她申辯稱：她自任公職以來，奉公守法，無日不以節省公帑自勉。她知道出納管理單位的現金、票據、有價證券、契據等，都不可挪用或借支，事務管理規則第六十六條定有明文。然而八十年元月至八十一年五月底止，國庫所轉發之公款支票，無一不是指定她為受款人，且明載禁止背書轉讓，因此她才統統存入她的私人戶頭。她主觀上認為只要不挪用或借支即可。如此做法，與上列管理規則之意旨尚無違背。她沒有挪用公款或借支公款，只要調閱她的私人帳戶即可瞭然。她的出納組未保管公款，所經手款項，都是同事及同學的工作費，為求快速完成轉發，她本人常備私款，見票即與承辦人協商，請承辦人整筆簽收代為轉發，各承辦人亦均能如期完成，將印領清冊送回本組交給會計單位報審。轉存支票清單中最大一筆暑修鐘點費一百七十五萬二千三百二十元，並未存入本人帳戶內，乃是本人急沖沖與代理國庫協商，逐一填寫各教師帳號之後，存入各教師帳戶內，附轉帳清冊影本為證。基於責任心，本人亦經常先將私款公用，如清單內第七頁五八二八四及五七八八八兩筆，都是教育部委託本校辦理新進教師研習時先行墊付，附支出傳票二份為證，會計單位註明該款由本人代墊。她現在已知作為不當，今後轉發同仁各項費用，不應以其個人為受款人，承長官體諒，現已改進，均逐一開給各據領人為受款人。請公懲會委員諸公，體恤其為免保管鉅款之風險，

而存入個人帳戶之苦心，從輕發落。提出申辯書、證明書、及轉發印領清冊抽樣三十份為證。

公懲會認為陳麗玉所為，先後將一千六百三十九萬六千八百二十六元，擅自存入其私人之活期儲蓄存款帳戶，公款所生利息，也存入該帳戶，而由其任意提領，係違反公庫法第七條規定：「除第四條第五條及其他法律另有規定外，政府各機關關於現金票據證券之出納保管移轉及財產之契據等之保管事務，均應由代理公庫之銀行或郵政機關辦理之，不得自行辦理」。也違反事務管理規則第六十六條規定：「出納管理單位保管之現金、票據、有價證券、契據不得挪用或借支」。與公務員服務法第五條、第六條、第七條所定：公務員應清廉謹慎，執行職務應力求切實，及不得假藉權力，以圖本身之利益，均有違背。雖然被付懲戒人已將該存款先後提領之現金，分別轉發與各應受款人，並將利息（包括公款及私款）繳庫，亦無解於其應負之違失責任，應依法酌情議處。被付懲戒人所舉證據，均不足以影響上開事實之認定，並無調查之必要。結果議決：「陳麗玉降一級改敘」。

本案資料來源：公務員懲戒委員會八十二年度鑑字第六九七號議決書。

(二)高中校長公款私存

本案發生於民國四十五、六年間，主角是臺中市立第二中學校長徐偉義。他將四十六年度及四十七年度所收的學雜費，不依規定存入公庫，而竟以其本人名義存入臺中市倉庫利用合作社，收取利息。被調查局臺中市調查站移送檢察官，依瀆職罪起訴。第一審判了有期徒刑十年，第二審改判無罪。又為補助該校高三教員廖全忠、初三教員林貴華，竟偽報該二員為導師，使其連續冒領導師加給，經臺中地方法院以偽造文書罪判處有期徒刑七月，褫奪公權一年在案。

臺灣省政府又移送公務員懲戒委員會懲戒。徐校長辯稱，伊鑑於軍公教子女及清寒學生，申請緩繳或分期繳費者為數太多，實為迫於無奈而逾期收款逾期解庫，但不知有利息。廖、林兩位老師本聘為導師，但因為加重授課時數，而簽辭導師。但因二員已呈報有案，不便更改，遂予慰留，乃分別商請訓導主任及訓育組長，暫行協助其導師業務，而導師津貼（每人每月七十元）則未更動，自應由廖、林二員按月具領等語。

公懲會認為，徐校長於收費以後，不即解入公庫，而存入合作社，不僅有違會計法令之規定，其三年間之利息八百五十三元，雖均轉入存款戶而未領取，至四十

八年六月八日奉市政府令領出六百零二元六角一分，縱無圖利之證明，違法失職，難辭其咎，申辯顯無可採。至廖、林老師領取津貼而未任導師，既有該校所印導師表可稽，表中並無廖、林之記載，且有臺中市督學陳學琛在臺中地方法院之結證可按。縱係廖、林二人私人請託訓導主任及訓育組長代替，被付懲戒人身為校長，竟視若無睹，視公務如私事，不予聞問，何言領導？違法失職，咎不能辭。因此議決減月俸百分之十，期間六個月。

本案資料來源：公務員懲戒委員會五十年度鑑字第二六一一號議決書、臺灣高等法院四十九年度判字第二四九〇號判決書。

二、法律責任探討

1. 第一案只有公務員懲戒委員會的懲戒，而無刑事責任。原因是審計部國庫審計處未移送法院，只知會主管機關教育部。教育部研究後，移送公務員懲戒委員會，議決懲戒：「降一級改敘」。這是六種懲戒處分中，第三級嚴重的處分；依其現職之俸給降一級改敘，自改敘之日起，二年內不得晉敘、升職、或調任主管職務（公務員懲戒法第十二條）。

第二案雖有判刑，但不是因為公款私存而判刑，而是偽報導師一事被判刑。懲戒則對於公款私存，及偽報導師二事均認定有失職，因而議決減俸六月，可謂相當重的懲戒。

2. 抽查機關及主管機關，都認為陳麗玉組長沒有侵占公款的罪嫌，因此沒有移送地方法院檢察署偵辦。其原因是查明陳組長只是帳戶使用不當，還沒有發現挪用公款的事實，認定只有行政責任，而無刑事責任，基本觀點是正確的。而她有違失的懲戒責任，一言以蔽之，就是公款私存，違反規定。第二案的徐校長也是如此，存於私帳的公款沒有花掉，不成立侵占公款的貪污罪，否則要判重刑了。

3. 是否構成侵占罪，關鍵在於是否有不法所有的意圖；認定是否有不法所有的意圖，在於有無挪用公款。本節二案查明公款雖然都存入私人戶頭，但立即領出轉發，連利息都收回繳庫了。如果曾經挪用了一次公款或利息，那他們就慘了！一定構成貪污治罪條例第四條第一項第一款的貪污罪，要被判無期徒刑或十年以上有期徒刑。

4. 公務員受懲戒的原因，是違法以及失職（公務員懲戒法第二條）；只要有違法或失職的行為，就要受懲戒。所謂違法，不論違反什麼法，都包括在內。第一案是違反公庫法第七條的規定，這是違反行政法，那麼就跟公務員服務法第五、六、

七條的規定有背了，就構成懲戒的理由了。

5. 陳組長辯稱：這一年多國庫所轉發的公庫支票，都是指定她為受款人，而且載明禁止背書轉讓，因此她主觀上認為只要不予挪用或借支就沒事，才存入個人戶頭內。這種想法如果是真的話，那她的基本訓練就有問題了。可能從開戶時就有問題：公庫的帳戶，一定要開機關的帳戶，不能開個人的帳戶。機關的帳戶要開機關專戶，開戶印鑑卡要有機關首長、出納組長以及承辦人蓋上印鑑，才可以使用。如果不是機關專戶，財政部支付處於簽發國庫支票時，應該會發現不對，馬上糾正才是。她的辯解難以相信，縱然屬實，公款存入私帳，不管什麼理由，都是不對的，單就這一點，就應該給她懲戒了。

三、本節的省思

1. 公款跟私款一定要分開，才不會惹出問題來，否則有一天一定會惹禍上身，悔之晚矣！這個概念，不僅僅是辦理會計與出納的人要注意，一般人也要有這種常識才可以。這裡所說的公款，是泛指自己以外的機關或團體的款項而言，都要跟自己的款項分得很清楚，絕對不能混淆。否則會被別人認定有侵占公款的嫌疑，再

怎麼解釋，人家也不會相信。因此別人的錢，一定要另外開戶，千萬不可馬虎。

2. 辦理會計出納的人，一定要熟悉有關的手續及法律責任，不能迷迷糊糊，什麼時候出錯被抓去，都還不知道什麼原因，那就是大笑話了；雖然你真的不知道，但是沒有人會相信。因此管錢的人，其專業知識及注意的程度，一定要比普通人高很多才能勝任。

3. 學校老師，大都不會去理會會計出納的事，只要有錢可領就好了。教育行政機關也不注意會計出納的監督。有時因為手續問題，常會發生誤會。主計單位應該抽時間，給同事講解一些會計報銷方面的常識。說不定在講解座談交流時，會發現問題，即時解決。主辦人無意的疏忽，也會被發現。

4. 上級單位來查帳時，常常會找出很多問題；必須及時發現，馬上糾正。如果錯誤移送，必須拿出證據申辯，矯正錯誤。最好在檢查時，就逐一說明清楚，不然要花兩倍時間去申辯，同時窮於找證據，也要花錢請律師了。

5. 第一案公款入帳的手續不合規定，就被懲戒「降一級改敘」，懲罰雖重，但是還算幸運，沒有被當成貪污的罪犯移送法院收押，就是萬幸了。有的人有這個嫌疑，移送法院後，等到判無罪，不知幾年以後了。本案被告說，她常常私款公用，先行墊付濟急。這些好事縱然有百樁，也抵不過錯事一樁，千萬不可大意。第二案

就被當成貪污移送，第一審還判刑十年，第二審才改判無罪，但接著偽造文書罪就無法脫卸了，懲戒處分也難逃減俸的重懲。官司不能上身，一上身就撇不開了。

第廿六節　主計主任刁難採購

一、事實概述

本案發生於六十一年九月至六十二年五月，案主是省立西螺高級中學主計主任葉民寧。本案是由臺灣省政府主計處調查後報請行政院主計處，移送公務員懲戒委員會審議。移送書指摘葉主任有十二項違法失職情事：

㈠該校教務、訓導兩處簽請印製民族精神教育的教材，計二四四元。送會計室時，葉員竟簽註：「自行印製，以免浪費」。案奉校長批示：「事關教育深長意義，應鉛印較為清楚」。但於請款時，葉員又簽註：「無經本室簽證，依法不予承認」，拒絕付款。查該校年度預算亦列有教材及校刊印刷費用，尚餘七萬四千元，會辦時竟一再刁難，不依預算簽註意見，殊有未合。

(二)該校防護團依照內政部規定辦理民防常年訓練，因須民防教官三人指導，花費誤餐費僅六十元，葉員事先會章同意，請款時竟延壓一個多月，不予會辦。催辦後竟簽註「報廳請示」。八日後又簽註「下不為例，照發」，顯然玩法弄權。

(三)該校體育組長鄭有道請購球類獎品，計原子筆一四四支，共二八八元。送會計室時，葉員初簽改發獎狀。後由校長呂勝宏批示酌備獎品與獎狀。事務處請購獎品時，葉員堅拒，並簽註：「絕不能以個人享受獎品」。復經校長批示採購，葉員又簽：「請報廳核示」。校長又條令：「瑣事勿需報廳，仍希照批辦理」。葉員竟說：「我不簽也不蓋」，令工友退回。查該校年度預算，列有獎品經費八千六百元，此類獎品僅二八八元，有預算可供開支，竟無理拒付，足見其行為惡劣。

(四)該校校長請劉錦文老師協助學生作國文課業輔導，所需之國文六冊資料費，每冊二十元，教務處請購資料費一百二十元，擬在農工科所收課業輔導費項下開支。葉員不僅不同意，竟擅將劉老師名字劃掉，不予核發，亦不說明劃掉之理由。經教務

處據理說明，葉員仍堅持「與用途不符，本室不予受理」。教務處再檢附有關法令，始迫使其照發。該校職員李山田稱，葉員於事後說：「我們行政人員也應在課業輔導費內報支一點津貼，現在既未報支，故劉老師亦不得報支」。其觀念偏差至於斯，且輔導費係代收款，取之於學生，亦宜用之於學生，輔導升學與就業，一再玩弄，有損主計聲譽。

(五)葉員利用審編該校六十三年度預算機會，竟為其自己編列房屋租金預算一萬二千元。查該校單位主管未配住宿舍者，除葉員外，尚有事務主任與實習主任，一般員工亦有二十二人之多。葉員竟利用職權，假公濟私。

(六)葉員利用職權向事務處介紹其表姐夫林利福為該校工友，又要求敘最高薪，以示優待。身為主管，竟不避嫌，遭人非議。

(七)葉員數次請購公文封、註冊卡等，均指定向嘉義快捷印刷廠訂購。其職司財務監

督，不知避嫌，指定廠商，交事務單位採購，有失主計人員立場。

(八)該校事務主任黃慶鴻赴臺中採購電子器材，公差一天半，事前並經校長核准，於報支旅費時，葉員竟簽「浪費旅費」。黃主任一年內僅出差一天半，而葉員則出差三十五天，為全校之冠，不自行檢點，竟干涉他人出差。

(九)該校體育組長鄭有道等會同葉員在校長室商討校慶運動會事宜，葉員竟謂「在此空談何用」，揚長而去，態度傲慢惡劣，非公務員所應有。

(十)該室推行限時付款業務，經抽查六十二年六月份各項憑證，發覺統一發票未填列日期者有五件，甚多收據未載年月日，未補正或追查即予核銷，有虧職守。

(十一)葉員經常辱罵事務主任黃慶鴻，書寫紙條遞交黃主任謂：「　台端不熟法令，本人可無條件免費為　台端補習」。其狂妄自大，欺負同事至此。

(十二)葉員於六十二年五月廿三日條令事務處：「查貴處工友張惠娟派駐校長宿舍長期工作，依法不合而浪費公帑，應予糾正，請即將張惠娟調回本校伙食團工作，而將現僱伙食團臨時工解僱，以節省經費，並合於革新要求，否則作為曠工論，予以扣薪」。工友之管理，乃事務處職責，竟然越權條令指責，糾正事務處，違規濫權，破壞體制。

被付懲戒人葉民寧申辯略稱：(1)民族精神教育等補充教材，可請自印，以免浪費。(2)民防常年訓練，係在辦公時間舉辦，發給誤餐費，依法無據，而校長一再催促照往例發給，因此簽註「下不為例」，絕無玩法弄權之處。(3)班際球類比賽，當然應發團體獎，體育組另發個人獎品，於理不合，因此簽註「改發獎狀無須令購個人獎品」，以杜絕浪費開支。(4)劉錦文老師之一百二十元費用，因無案可稽，因此劃除。後經教務處補簽，校長批准，再悉數核發，並無不當，絕無損主計聲譽。(5)房租津貼一萬二千元，係經校長批准，且依事實需要而編列，絕無利用職權，假公濟私情事。(6)林利福係負責水泥匠工作，一有技術，二來工作繁重，因此簽註在技工未出缺前，擬請支最高薪以示優待，以便提高工作效率。(7)事務處請購公文封、註冊卡

等，價格偏高，因此簽註請向嘉義快捷印刷廠訂購，意在防止價格偏高，並非指定向該廠購買。(8)事務主任出差二天，其本可第一天辦完，竟報一天半，為此簽報校長，並無不當之處。至於其本人出差多，絕非事實，有簽到簿可證。(9)體育組長與其商討印刷運動會秩序冊事，經商定應印製，焉有閒言？(10)開支證件繁多，審核單據工作為佐理員負責，難免疏忽。(11)六十一年九月該校擬編六十三年度概算，事務主任竟一不知，二也不知，不得已才書寫便條給黃主任，是出於善意，並非惡意。(12)通知事務處調整工友一事，於情於理於法並無不當，絕無違規濫權，破壞體制。被付懲戒人現已奉令降調為臺南縣立鹽水國中主計主任，一向忠愛國家，實為奉公守法之公務員，處事認真，執法甚嚴，致遭非議，為此敢請體察實情，從寬審議為禱。

公務員懲戒委員會認為上述各節，業經臺灣省政府主計處實地查明，並有附卷一宗可稽，自堪認為真實。被付懲戒人態度驕恣，處事顢頇，顯有違公務員服務法第五條之規定。其違法失職之咎，顯非尋常。申辯稱現已奉令降調，惟尚不知悔悟，仍強詞文過飾非，企圖諉卸，殊不足採。因而議決：撤職並停止任用一年。

本案資料來源：公務員懲戒委員會六十二年鑑字第四四七〇號議決書。

二、法律責任探討

1. 本案是單純的行政責任中的懲戒責任，沒有犯罪行為，也沒有民事上的損害賠償。不過，雖然是單純的懲戒案件，卻是議決最嚴厲的懲戒處分：給他撤職，並停止任用一年。葉主任在移送公懲會懲戒之前，已先降調為鹽水國中主計主任；從省中主任調為國中主計主任，是否為處分？公懲會再給他處分撤職，是否為重複處分？

2. 依照公務員懲戒法第九條規定，懲戒處分有六種：一是撤職；二是休職；三是降級；四是減俸；五是記過；六是申誡，調職並不是懲戒處分。因此本案葉主任在移送懲戒之前，被降調為國中主計主任，是行政調動，不是懲戒處分；以後被公懲會撤職並停止任用一年，這才是懲戒處分。因此不發生雙重處分的問題。然而一般觀念上，無不認為降調就是行政處分，也是實質的懲戒處分。德國的行政法院判例，也認定不利的調職即降調，是一種行政處分，可作為我國修法的參考。

3. 本案公懲會的論斷，概括的認為葉主任有違公務員服務法第五條的規定。第五條乃保節的義務：「公務員應誠實清廉，謹慎勤勉，不得有驕恣貪惰，奢侈放蕩，

及冶遊賭博、吸食煙毒等，足以損失名譽之行為」。行政院主計處所移送的十二件違法失職行為，最多的是違反謹慎的規定，其次是驕恣，再者是有損主計聲譽。此外，第五項為自己編列房租一萬二千元，第六項介紹其表姐夫為該校工友，並要求最高薪一節，以及迭次簽請事務處向嘉義快捷印刷廠訂購公文封與註冊卡，均另有同法第六條濫權之禁止，及第十七條應迴避家族利害之規定。

4. 本案是由行政院主計處逕行移送公務員懲戒委員會懲戒；這是依公務員懲戒法第十九條的規定移送的。該條規定：「各院部會長官……，或其他相當之主管長官，認為所屬公務員有第二條所定情事者，……送請監察院審查。但對於所屬九職等或相當於九職等以下之公務員，得逕送公務員懲戒委員會審議」。本案未經監察院移送，而由行政院主計處逕送，即係依該條項但書移送，並依該條第二項，將有關卷證，一併移送公懲會。

5. 本案的處分是最重的處分，撤職並停止任用一年（公務員懲戒法第十一條）。停止任用，不以停止任用原職為限，其他委任以上公務員之任用，均包括在內（三十年院字第二一二九號解釋）。停止任用期滿，理論上還是可以再當公務員，但是實際上很難再派任；任何機關知道他的前案，都會敬而遠之，很難再回任公職，只好去做生意了。

三、本案的省思

1. 本案的葉主任，完全是被自己的特殊性格所害；最後丟掉了飯碗，可說是自作自受，怨不得別人。他這種特殊性格，是偏激的觀念所形成的；只有他的想法才對，別人都錯了。凡是跟他意見不同的人，都是旁門左道，他都要加以干涉糾正，在機關學校裡面，實在是異類。有這種特殊性格的人，要有自知之明，必須趕快調適自己。

2. 像葉主任這種類型的主計人員不少，千萬要小心，不要像他那樣發生事情，斷送了自己的前途。主計人員固然要有特殊的專業性格，然而應該有正當的修養，而非怪僻的性情，跟首長同事為敵。他的特殊觀念並非一天養成的，要改變他的想法，並不簡單。對於這種人，只能避開他，無法跟他理論；或者請他離開，不要跟他共事。也許基於這種考量；為學校清除害蟲，公懲會才會議決撤職、並停止任用一年。

3. 主計人員是機關學校的油門，引擎雖然發動，但是油門阻塞，車子還是發不動的，枉費各部門的努力，盡付東流。因此主計人員，一定要配合首長及所有行政人員，

才可推動校務，否則阻礙了校務，更不必談革新了。然而竟有少數主計人員，想法做法有偏差，自以為是，要校長與各科室主管都聽命於他，要掌控全校，指揮校長，其基本觀念錯誤，才會惹禍。雖然主計人員對於預算經費的審核，有其獨立自主性，其考核升遷亦屬上級主計處，但是業務的運作與配合，是天經地義的事。然而像本案的葉主任，非但要掌控並指揮全校，竟然邪門到連學生的輔導費也要分一杯羹的地步，這樣的人不出事也難。有這種錯誤觀念的主計人員，一定要趕快矯正，才不會落得像葉主任那樣的下場。

4. 學校各科室主管，各有專職與專責，同仁應該互相尊重。然而每個學校，各部門之間，無不時常發生衝突。其原因很簡單，都是自我中心作祟，互相排斥。然而沒有嚴重到像本案的情況，無視於其他科室主管之存在，甚至下條子命令事務主任調整工友，並向特定廠商採購，唯我獨尊，連校長的批示也要違背，根本不知道他的職權範圍與角色定位，才會惹來撤職的災難，值得大家警戒。

5. 主計單位應該重視主計人員的再教育與再訓練；非但專業知識，更重要的是業務配合與法律責任，要有相當的瞭解。凡是學校事務，都有服從校長領導的義務，不能唱反調，否則校長有權加以處分。應該付款而不付款，就是抗命。業務上凡是校長決定的事項，因為他是屬官，他就有服從的義務，無權否決或者不同意，

否則就是違反公務員服務法第二條的規定，校長有權報請上級機關移送公懲會懲戒了。

第六章

檢點私生活天天快樂過

第廿七節　誣賴車長揩油

一、事實概述

本案發生於民國五十三年間，主角為國立藝術專科學校人事助理員李賢生。他於五十三年五月二日上午九點多，帶了七歲與五歲的兒子，沒有買票，就在新竹坐鐵路局對號快車到臺北。上車不久，列車長就來查票，李賢生拿不出車票，車長叫他補票，他偏偏不願意補票，車長就交給月臺上值班的新竹火車站副站長處理。副站長叫李賢生補票，李賢生拒絕補票，並且在月臺上大聲說車長已經在車上收了他五十元不還，影射他索賄，引起很多旅客圍觀議論。後來經過列車長宋陽明舉出一起查票的同事作證人，控告李賢生誹謗，經起訴後判處罰金銀元三百元確定。以後又收到公務員懲戒委員會的議決書，認為他「顯與公務員服務法第五條規定誠實謹慎之旨有違」，處分「應降一級改敘」。

本案資料來源：公務員懲戒委員會鑑字第三八六七號議決書，載於公務員懲戒

委員會議決案例要旨彙編（續編），第二七六頁。

二、法律責任探討

1. 李賢生是觸犯刑法第三百十條第一項的誹謗罪，可處一年以下有期徒刑、拘役、或五百元以下罰金。這個罪是告訴乃論，已經被害人列車長宋陽明提出告訴，才起訴判刑。
2. 誹謗罪，其構成要件是：「意圖散布於眾，而指摘或傳述足以毀損他人名譽之事者」。行為地是在火車站的月臺，那裡是公眾得出入的場所，所講的話，任何過往旅客都可以共見共聞，如果所傳佈的事情，足以損害他人的名譽，就可以構成誹謗罪了。
3. 李賢生說在車上已經交給車長五十元了，隱喻為車長揩油，查證結果，根本不是事實，實在是誣賴，當然足以損害車長的名譽。這是揑造事實，含血噴人，簡直是誣告。然而李賢生並沒有向警察局或檢察官告訴，不能成立誣告罪，只是在車長要他補票時耍無賴，因此只成立誹謗罪。
4. 刑事部份雖然判罰金，判得不重，但是懲戒處分則是「降一級改敘」，是相當重的。

降一級改敘，自降級之日起，二年內不得晉敘、升職、或調任主管職務。如果無級可降時，按每級差額，減其月俸，其期間為二年（見公務員懲戒法第十三條）。

5. 本案公懲會懲戒的理由，是引用公務員服務法第五條規定：違背應該誠實謹慎的意旨。第五條整條的規定是：「公務員應誠實清廉，謹慎勤勉，不得有驕恣貪惰，奢侈放蕩，及冶遊賭博吸食煙毒等，足以損失名譽之行為」。規定的內容，包括非常廣泛，一言以蔽之：公務員的行為必須正正當當，不得違法亂紀。公務員懲戒法第二條規定懲戒的原因，是違法失職。只要有違法失職的行為，不論是否被起訴判刑，都應該受處分。本案李賢生犯了誹謗罪，已經起訴判刑，當然也可適用公務員懲戒法第二條給他懲戒處分。

三、本案的省思

1. 火車上查票，一直到現在，都還在實施。早年有很多人投機取巧，想要跑票，尤其乘坐短程的旅客，存有這種僥倖的心理。本案是被逮到跑票了，竟然惱羞成怒，誣賴車長貪污，因此引發一場官司與懲戒。首先要警戒的是戒絕投機取巧的心理；天下沒有便宜的事，可以讓人隨手撿拾的。

2. 討不到便宜，被逮到了，一定要俯首認錯，不能「死鴨子嘴硬」，耍賴到底。耍賴的結果，一定會穿幫的，後果必然更難看。耍賴是禍端，解救之道，就是勇於認錯。像本案的情況，如果李賢生認錯，趕快補票，就不會有刑事官司及懲戒處分了。

3. 父親帶著小孩，不但要加倍小心謹慎，更要規規矩矩。本案李賢生帶兩個小孩子出門，竟然這樣莽撞出事，在兒子面前作最壞的示範，會讓小孩產生負面的影響。這是反教育，為人父母者，應該忌諱。

4. 教育人員應該特別重視品德修養，也應該遵守公共道德，學校職員雖然不是老師，但是外界人士，還是視之如老師，同樣要有公德心。在先進國家，早已於三十年前實施自動購票制，不必驗票入座。我國尚未實施，查到跑票後還要反咬一口，公德心實在太差，應該為學校、為社會大局著想，不要使學校丟臉，使社會蒙羞，人民的素質才會提高。

5. 車長查票，是在執行公務，如果對車長惡言相向，出口謾罵，甚至動手毆打車長，那就麻煩大了；出口謾罵，構成刑法第一百四十條的侮辱公務員罪，處六月以下有期徒刑、拘役或銀元一百元以下罰金。如果動手打車長，就觸犯刑法第一百三十五條第一項的妨害公務罪，處三年以下有期徒刑、拘役或銀元三百元以下罰金。

以上兩種罪名，都是公訴罪，不是告訴乃論。具有特殊性格，喜歡顛倒黑白的人，要自我克制，馬上改掉不良的習性，才不會惹禍上身。

第廿八節　寄存證信函恐嚇兄嫂

一、事實概述

本案發生於七十九年六月，主角是屏東縣內埔國中幹事，五十四歲的賴東平。這是一則家務事，卻惹起官司，致賴東平被法院判刑，又被公懲會懲戒。

賴東平與其兄嫂賴邱錦珠不睦，又因其父賴青山所遺現款一筆三十幾萬元，被其兄嫂領去，時起爭執。賴東平乃於七十九年六月三日下午五時，撥電話給賴邱錦珠之子，任職國中老師之賴乾坤理論，聲稱其母子先後向伊父（即賴乾坤之祖父）騙去一百多萬元，如不於十日內交出該款，將至左鄰右舍公佈其全家之醜聞，並將至其任教之學校騷擾等語。再於同月十四日，寄一封郵局存證信函給他兄嫂說：「……我要妳們付出相當大的代價，我會揭發妳家見不得人的醜聞給社會大眾知悉；如妳先生是個大賊頭，妳不穿內褲，私處被人家窺見，妳兒媳為人師表，但卻做出不要臉且淫亂無恥的行為，……等等，我要叫妳們無地自容」。賴邱錦珠乃向屏東地方

法院檢察署提出告訴，經檢察官提起公訴，法官判處賴東平有期徒刑四月，得以銀元三十元折算一日易科罰金，減為有期徒刑二月，得以三十元折算一日易科罰金。賴東平未上訴而確定。

懲戒部份，臺灣省政府移送公務員懲戒委員會後，該會審議時，通知賴東平申辯。他辯稱：他的胞兄賴東昇早逝，他在十七年前被迫遷離家鄉，遷居校舍，對於兄嫂感情疏遠。他父親習慣居住鄉下，但兄嫂不盡孝道，致其父數度離家出走，有時到他家，有時投靠他胞姐。他雖然深感痛心，但對兄嫂仍不敢冒犯。七十九年三月，他父親以九十二高齡去世，他兄嫂竟不通知他，使他無法在側見到最後一面，深感不孝，悔恨有加。他父親出殯時，他姐姐告訴他，他父親曾經囑託他兄嫂提領最後一筆款項三十多萬元，本來是要給他兒子賴宏宗就讀醫學院的教育費，但是被兄嫂拿去了。他聽到後更感憤恨，當時也有親友在場聽到，事後前往郵局查證屬實，有兄嫂次子賴乾元之郵局存摺可證。他於是於七十九年五月廿二日先撥電話與兄嫂談其父贈款之事，雖然話不投機，但是並無恐嚇公開其醜聞之意思。他一時糊塗，竟於同年六月十四日寫存證信函，聲稱要公佈其全家醜聞等語，其實他也是賴家的一份子，公佈賴家不名譽的事，豈非有辱賴家祖宗？這只是氣憤寫寫而已！他為顧及賴家祖先名譽，不願多辯，因此讓刑事官司一審確定。他已服務公職三十三年之

久，數十年來都是以校為家，奉公守法，表現良好，現因一時憶及先父遭遇，才敢冒犯兄嫂，自屬非是。申辯人已因而受到處分；七十九年度他曾獲嘉獎一次，年終考績本應考甲等，但已因此事被降為乙等，一事不能兩罰，姑准免予處分，以勵自新，感恩無涯矣！

公懲會審議後，認為賴東平觸犯恐嚇罪，已經明確，參酌他最後自認不是，「足徵其事後悔悟，態度尚稱良好，應予衡酌依法議處」。至於所稱考績本應甲等而被降為乙等，依一事不兩罰之原則，請求免予處分一節，公懲會認為：「查懲戒處分與公務員之考績不同，並不生一事兩罰之問題，特予敘明」，因而議決「記過二次」。

本案資料來源：屏東地方法院八十年度易字第二〇〇號刑事判決書、公務員懲戒委員會八十年八月三十日，八十年度鑑字第六五五七號議決書。

二、法律責任探討

1. 本案賴東平幹事，應該負有三重法律責任：一是刑事責任，已經法院判處有期徒刑兩個月，可以易科罰金。二是受到公懲會的懲戒「記過二次」。三是損害賠償，要賠償被害人就是他嫂嫂的損害。不過他嫂嫂並沒有請求賠償，因此沒賠。

2. 請求賠償，必須拿出受到損害的證據。因為被恐嚇，所受到的損害有多少？受到怎麼樣的損害？要拿出證據來，並不容易。被害人的身體或健康是否受損，被害人有否喪失或減少勞動能力或增加生活上之需要（民法第一百九十三條），可能都扣不上賠償的要件。可能請求的，只是民法第一百九十五條第一項的精神慰藉金了，不過金額也不可能很高。

3. 賴幹事所犯的罪，是刑法第三百零五條的恐嚇危害安全罪，與流氓以恐嚇手段揩油的恐嚇罪不同，那是刑法第三百四十六條的恐嚇取財罪。恐嚇危害安全罪是「以加害生命、身體、自由、名譽、財產之事，恐嚇他人致生危害於安全」，處二年以下有期徒刑、拘役或三百元以下罰金。恐嚇取財罪是「意圖為自己或第三人不法之所有，以恐嚇使人將本人之物交付」，處六月以上五年以下有期徒刑，得併科一千元以下罰金。兩罪最大的不同，是前者只是以言詞恐嚇要打要殺或其他不利的舉動，後者是使用恐嚇的手段揩油錢財。本案是前者恐嚇危害安全罪，刑度雖然不太重，但不是告訴乃論，而是公訴罪。因此賴東平的侄子賴乾坤雖然沒有跟他母親聯名告訴賴東平，他被恐嚇部份，還是加以追訴處罰。

4. 恐嚇危害安全罪，必須將惡害通知被害人，使他心生畏懼，而有不安全之感覺，但不以發生客觀上之危險為要件（最高法院二十七年四月十七日民刑庭總會決

議）。本案賴東平說只是說些氣話而已，沒有實施的意思。然而他認為氣話，受話的人則產生畏懼，就構成該罪了。至於所說的話是否足以使人產生駭怕，要從客觀上認定之；一般情況，都是以一般人的觀念為準。賴東平寫了存證信函，觀其內容，可謂證據確鑿，不容卸責。

5. 記過，在公務人員考績法上，有記大過與記小過之分，又有平時考核與專案考績之別，功過可互相抵銷（公務人員考績法第十二條第一項，該法施行細則第十五條）。公務人員考績法上的懲處，有申誡、記過、及記大過三種；申誡三次作為記過一次，記過三次作為記大過一次，這是平時考核。專案考績，一次記二大過者免職。然而公務員懲戒法上的記過，並無大過或小過之分，只有記過一種。其效力為「記過，自記過之日起一年內不得晉敘、升職或調任主管職務。一年內記過三次者，依其現職之俸級降一級改敘，無級可降者，準用第十三條第二項之規定（按每級差額，減其月俸，期間為二年）」（公務員懲戒法第九條第一項，第十五條，第十三條第二項）。不過公務員懲戒法上的記過，也有三次；但是記過三次，並不是折算為一大過，而是等於降一級改敘（見前引公務員懲戒法第十五條後段）。

三、本案的省思

1.家庭或家族之間，要盡量保持和諧，不要發生內亂。一旦發生內亂，只是給人家看笑話而已，全家都不光彩。教育工作者，尤其要避免跟家人族親發生衝突，否則會讓人家指指點點，傷害到自己。如果像本案這樣，無理攻擊親人，更會受到同事的不齒，以後很難補救。

2.不要濫用存證信函；要寄存證信函給人，是準備要打官司，才有必要這樣做。存證信函的內容，是寫些對方不利的證據，以便做為將來打官司之用，可使法官採信不利於對方的證據，因此叫作存證信函，就是以此函為證之意。本案賴東平是將不利於自己的證據寫在信函上，對方將信函呈送檢察官、法官，就無法抵賴了，簡直是拿刀子刺自己，完全相反了，真是奇笨無比，應該引以為戒。

3.兄弟姐妹之間，經常為了財產遺產，鬧得不可開交，甚至變成仇人，這是非常的不智，會給人看笑話，沾辱祖先的名譽，是很不孝的行為。因此聰明的人，最好避免爭端，看開一點，錢財要自己賺。祖宗留下來的財產，是保不住的，不惜斷送兄弟姐妹的情誼去爭遺產，徒然在親朋好友之間留下笑料，何必如此呢？以這

種方法討便宜，並不可能成為富翁。

4. 遺產被侵吞，要討回財產，必須使用合法的管道。不能像本案一樣用最粗魯的手段，不但討不回錢財，反而因此吃了官司又受了懲戒。然而並不能說因為恐嚇罪被判刑，就不能討回被侵吞的遺產了。賴東平仍然可以提起民事訴訟，向他兄嫂請求返還遺產。遺產是兄弟姐妹要平分的，不能給兄嫂獨佔，當然也不能由賴東平獨有。賴東平的恐嚇，與遺產的請求，是兩件事情，應該分別論述。

5. 公務人員考績法上的記過，與公務員懲戒法上的記過不同，不生一事再罰的問題。不過這是指考績不能得甲等，以及被公懲會記過而言。如果學校依公務人員考績法先給賴東平免職，然後公懲會再懲戒記過，這就是一事再罰了，應該以公懲會的懲戒為準，學校的懲處不算。比如校長犯罪，縣政府先下令記大過一次，但公懲會從重議決撤職，或因為刑事判無罪而從輕議決申誡，當然要依照公懲會的懲戒來執行，縣政府的記大過失其效力。

第廿九節 女主任知道同居人犯罪

一、事實概述

本案發生於八十三年十一月至八十四年二月間，主角是臺南縣仁德鄉仁和國小老師兼教務主任，五十歲的黃玉芬。

黃玉芬主任於七十年喪夫，所生一男一女，均由她撫養長大成人。女兒嫁給空軍飛行官，兒子畢業於東海大學後服役中。七十七年起，黃主任與林克勤交往，而後於學校宿舍中同居。八十三年十一月至八十四年二月，林克勤夥同高民貴與林萬里，在黃主任的宿舍中，一起偽造面額一千元的新臺幣一千五百萬元，被調查局查獲。林克勤及林萬里被抓到，高民貴在逃，連同黃玉芬共四人，都被臺南縣調查站移送臺南地檢署，檢察官將四人起訴，法官論以偽造幣券罪，將林克勤與林萬里判處重刑，高民貴發佈通緝，黃玉芬則判決無罪確定。

黃主任被檢察官起訴後，臺南縣政府就呈報臺灣省政府移送公務員懲戒委員會

懲戒。該會先議決，於刑事判決確定前，停止審議程序。等到刑事判決確定後，再開始審議。黃主任申辯說，她早年喪偶，七十七年開始與林克勤交往。他從事景泰藍製作，有一技之長，她認為他素行良好，做事認真又是單身，才與他共同生活。以後他暴露粗暴之性情，欲求擺脫，卻遭其毆打，趕不出門。她的宿舍內有三個房間，她與林克勤各居一室，林克勤的室內私藏偽鈔被查獲，她完全不知情。印偽鈔的場所，並不是在宿舍內，因此她並非將宿舍提供林克勤作犯罪的場所，只是給他暫時居住而已。他的戶籍在臺北市，他住在她的宿舍的時間，大約兩個月而已，就因案被捕。她要跟他脫離關係，不再將宿舍供他居住。

中辯人於師範學校畢業後，前後擔任教職三十年，公餘又至臺南師專及師院進修。自六十四年至八十四年，獲臺南縣政府嘉獎一次者有四十七次，嘉獎二次者有十三次，記功一次者有四次，平均每年均有獎勵之紀錄，可見其堅守工作崗位，奉公守法，克盡職守，表現優異。又曾代表學校參加各種活動，共獲臺南縣政府獎狀三十二張之多，另獲國民黨中央委員會以及救國團頒獎。復推展全民儲蓄運動，鼓勵學生儲蓄，成績卓著，亦經財政部頒發獎狀。懇請明察秋毫，免予議處。如認為應受懲戒，亦請考慮申辯人盡忠職守，功在黨國，准予功過相抵，不勝感恩。

然而公懲會調閱刑事案卷，發現臺南縣調查站在黃主任的宿舍中搜索後扣得偽

造之千元新臺幣三百四十張，水平板一支，比色板三本，金屬線一筒，試印紙一張，製造工具一袋。並在黃主任位於臺南縣佳里鎮的另一房屋中，扣得洗鈔轉管一臺，照相製版機器二臺，油壓馬達沖床機一臺，鋅版二十七張，照相製版鏡頭二具，馬達二臺，切割板座一臺，防滑手套一雙，迅速定著液四罐。據證人陳水生在調查站供稱，林克勤於春節過後與黃玉芬同來，要求寄放一批機器。搬運機器之工人尹章信也供稱，他於八十四年二月十二日受林克勤僱用搬運這些機器。黃玉芬也供稱，林克勤等人是否印製偽鈔我不清楚，但是知係犯法之事。共犯林萬里供稱，林克勤負責監工並指導配色，黃玉芬負責煮食或買便當。這些資料，均載於臺南地方法院檢察署八十四年聲字第三一八號搜索卷，及偵字第三六二三號偵查卷中。該會因此認為：「被付懲戒人已知林克勤等人做違法之事，仍然供給場所與食物，自係有欠謹慎而足以損失名譽，有違公務員服務法第五條之規定，應酌情議處。所辯僅在宿舍與林克勤同居，非供作犯罪場所云云，既與前供不符，殊非可採」。因而議處降一級改敘。

本案資料來源：公務員懲戒委員會八十五年度鑑字第七九三四號議決書。

二、法律責任探討

1. 本案黃主任沒有刑事責任及民事責任，只有公務員的懲戒責任，被懲戒降一級改敘。這是相當重的懲戒，必須「依其現職之俸給降一級改敘，自改敘之日起，二年內不得晉敘、升職或調任主管職務」。「受降級處分而無職可降者，按每級之差額，減其月俸，其期間為二年」（公務員懲戒法第十三條）。

2. 本案懲戒程序，早就在檢察官起訴後，就經縣政府與省政府移送到公懲會了。但是等到刑事判決無罪確定後，才開始進行審議。移送後沒有馬上進行審議，是公懲會認為懲戒處分應以犯罪是否成立為斷，認為有停止審議的必要，乃是適用公務員懲戒法第三十一條第一項後段，先議決於刑事裁判確定前，停止審議程序。因此省政府移送之後約兩年，公懲會才議決懲戒。有些立法委員，甚至少數監察委員，不明瞭這個規定，誤認為公懲會延宕公事，遲延不決，影響政府威信。殊不知速審速決，會犧牲人民的權益，不能草率。如本案情形，黃主任被檢察官起訴，縣政府省政府移送後，馬上議決懲戒撤職，就難以補救了。

3. 很多校長或主任受懲戒時，都會強調他們的功績，幾年內獲獎無數，請求功過相

抵，從輕處分。這樣申辯，固然有一點好處，可讓公懲會委員知道他們的為人，考慮從輕處分。然而需要申辯的事項，是針對被移送的違法失職的事項。附帶的申辯，才是過去的功績功勞。本案黃主任的申辯，百分之九十八，都在說她的功績，功在黨國，希望功過相抵，是不可能的事。這種申辯方式，是本末倒置，應該申辯所移送的法律責任，提出事實證據來，不能自說自話，更不能顧左右而言他。

4. 本案黃主任被懲戒的原因，是違反公務員服務法第五條的規定。該條的規定是：「公務員應誠實清廉，謹慎勤勉，不得驕恣貪惰，奢侈放蕩，及冶遊賭博吸食煙毒等，足以損失名譽之行為」。不得有……之行為，乃列舉例示，不是限定於這些行為而已，重點在凡是「足以損失名譽之行為」，都包括在內。本案公懲會已經明白點出黃主任應受懲戒的理由是「有欠謹慎而足以損失名譽」。公懲會舉出很多事實證據，說明她已經知道林克勤等人做犯法的事，仍然供給場所與食物。這些人都是偽造國幣的罪犯，情節非輕，因此給她降一級改敘的重懲。

5. 黃主任的刑事官司已經判決無罪，但是仍然要受懲戒，原因是懲戒的理由，並不限於犯罪行為，發現有違反公務員服務法的原因，就要受懲戒了，本案就是如此。公務員懲戒法第三十二條明文規定：「同一行為已為不起訴處分或免訴或無罪之

宣告者，仍得為懲戒處分；其受免刑或受刑之宣告而未褫奪公權者，亦同」。犯罪判刑者，一定是犯法，非受懲戒不可；沒有犯罪，只是違反公務員服務法，也要受懲戒。因此如果被起訴而判無罪或免刑或免訴，發現有違反公務員服務法時，仍然要受懲戒，道理就很清楚了。

三、本案的省思

1. 寡婦交異性朋友，須特別慎重，本案就是交男朋友出了問題了。黃主任一生奉獻教育，得獎七十多次，一般人很難望其項背。但是就敗在男友身上，使她後半輩子不能抬起頭來。尤其年已半百，才發生事情，差一點惹上刑事官司，差一點去坐牢，最後只是降一級改敘，算是不幸中的大幸了。但是畢竟是一件非常不幸的事情，原來美好的形象盡毀，這都是沒有看清楚男友，就跟他同居所惹來的災難，可供寡婦們警惕；不要隨便投懷送抱。

2. 黃主任說，她發現同居人性情粗暴，欲求擺脫，卻遭其毆打，趕不出門。這是顯示了黃主任個性軟弱的情況。性情粗暴，還能百般忍讓，甘受虐待，才會使同居的男友看扁了，對她無所顧忌，才得寸進尺，公然夥同歹徒，登門入室偽造新臺

幣。如果拿出個性，提起勇氣趕他出門，就不會發生本案，受到牽累與懲戒了。這個教訓是：跟男友的感情，該斷就斷，揮起慧劍斬斷情絲，才不會後患無窮。

3. 黃主任於案發時，在調查站雖然說不知道他們是在印偽鈔，但是已經供認知道他們在做犯法的事。共犯林萬里又供認黃主任負責煮食或買便當。可見她知道她的同居人在犯罪，只是沒有證據證明她也有分攤印偽鈔的犯罪行為，才獲得無罪的判決。可見她已經意亂情迷，無法自拔。所辯無法將男友趕出門，根本是欺人之談。她沒有針對刑事上不利於己的事實答辯，而全力主張她的獎狀功勞，也會使人覺得這個人不老實，甚至有欲蓋彌彰之感。也許因為如此，才會從重給她懲戒降一級改敘吧！如果老實一點，也許不至於如此。

4. 公教人員不能犯罪，連犯罪的邊緣也不能沾到一點，否則想擺脫刑事責任，必然窮於應付。擺脫了刑事責任，仍然要被懲戒，實在非倒楣不可。因此公教人員要潔身自愛，是有很大的道理的，不是說教，也不是嘮叨唸經，不能當做耳邊風嗤之以鼻。因此看了很多失敗的案例，也可以作為教材，事先就設法避免犯錯。

5. 年紀越大，越應自制自重，不要因為小事，毀掉了晚節。生活上應該注意的事項，不限於學校生活，校外的私人生活同樣要小心謹慎。因為公務員服務法第五條規定，公務員所應保持的良好品德「誠實清廉及謹慎勤勉」，並不分校內或校外，都

要一體遵行。不能認為個人的私生活，機關長官管不著。本案的實例就是管得著，公懲會照樣給予懲戒。

第三十節　技士召開記者會

一、事實概述

本案發生於民國七十八年間，主角是省立羅東高工建築科技士賴萬和，三十七歲，已於羅東高工服務十八年，課餘之暇，從事民歌創作六十多首，並從事小說與兒童文學創作甚多，曾獲國家文藝獎、中山文藝獎、教育部文藝創作獎、教育廳兒童文學創作獎等多項獎章。

七十八年二月間，該校劉義寬老師懷疑曾源本老師在聯合報撰寫可議之文章，人事助理員廖英明竟支持劉老師恐嚇曾老師，使賴萬和看不過去。同年三月初，該校建築科女老師秦麗雪，在辦公室向賴萬和哭訴：她曾到人事室洽公，被人事助理員廖英明輕薄偷吻。同年三月底，賴萬和到收發室領取信件時，收發室書記小姐胡錦花氣憤地指控她在遞送公文給人事室助理員時，廖某咆哮怒吼，把公文摔在地上，並且打破玻璃櫃玻璃。校內同仁都畏懼廖英明，伊義憤填膺，乃挺身而出，將上情

書寫詳細，並記述廖英明之妻曾於三年前跟道士到花蓮住旅館，被廖某查獲之一段醜聞，封面書寫「親愛的記者叔叔伯伯」，文末寫「一群羅東高工老師之女兒敬上」之傳單，於同年四月九日下午三時召開記者會，請記者採訪披露。四月十二日又將上列傳單寄給宜蘭縣記者聯誼會，十三日聯合報、自由時報、自立早報等果然刊登上述事實。廖英明遂訴由羅東警察分局移送宜蘭地方法院檢察署偵辦起訴，宜蘭地方法院判處賴萬和有期徒刑四月，得以三十元（銀元）折算一日易科罰金。賴萬和不服，上訴臺灣高等法院被駁回確定。

以後羅東高工呈報臺灣省政府，移送公務員懲戒委員會懲戒：「賴萬和記過二次」。

本案資料來源：宜蘭地方法院七十八年度易字第八〇五號刑事判決書、臺灣高等法院七十九年度上易字第九八六號刑事判決書、及公務員懲戒委員會七十九年度鑑字第六四二一號議決書。

二、法律責任探討

1. 本案賴萬和技士，是觸犯刑法第三百十條第二項的加重誹謗罪：散布文字、圖畫，

犯前項（普通誹謗罪）之罪者，處二年以下有期徒刑、拘役、或一千元以下罰金。第一項的普通誹謗罪，是口頭散布於眾，而指摘或傳述足以毀損他人名譽之事，處一年以下有期徒刑、拘役、或五百元以下罰金。使用文書誹謗比使用口頭誹謗，刑度重了一倍。

2. 賴萬和是技士，具有公務員身份，犯了罪就必須受懲戒，依照公務員懲戒法第二條第一款規定，公務員犯了罪，就必須受懲戒。因此公懲會給他處「記過二次」。依照公務員懲戒法第十五條的規定，被記過者，一年內不得晉敘、升職、或調任主管職務。一年內記過三次者，降一級改敘，無級可降者，減其月俸，期間二年。

3. 賴萬和於申辯書中說，受到性騷擾的秦麗雪老師，被摔公文的胡錦花小姐，以及調查本案的吳天健主任，都不願出庭作證，實乃畏懾於人事助理員的恐嚇威脅，有錄音帶為證。直到臺灣高等法院三傳之後，秦麗雪與胡錦花才到庭說明。然而法官雖然將她們隔離詢問，她們卻未將事實說出，致使他被判刑四月。他相信秦老師與胡小姐，總有一天會受良心及公理的譴責，會吐出實情，平反他的冤曲。他於本案發生時自七十九年三月二十三日起就被停職，薪資停斷，身心深受折磨，若再遭懲戒，無異雪上加霜等語。以此理由，企求免受懲戒，實在不可能。因為有犯罪，就必須受懲戒。

4. 寫成傳單罵人，又到處寄送傳遞，寄到記者聯誼會讓記者刊登，各報記者果然刊登，那麼這些傳單與報紙，就是最好的證據，足以構成刑法第三百十條第二項的加重誹謗罪。只要看看傳單的內容，不管能否證明為真實，如果涉及私德，縱然實在，也是有罪的。罪名成立，雖然被告以前是非常好的老師，得過好幾種獎狀與獎章，都沒辦法免除他的刑責。

5. 賴技士在刑事上被判了有期徒刑四月，得易科罰金，可說是平常的處刑，不是很重，也不是很輕。在懲戒上被處罰記過二次，議決書中，特別說明「其於本機關七十二年度曾嘉獎一次，七十三年至七十七年間五年之考績，有三次甲等二次乙等，行政院頒發其服務十年之三等服務獎章，教育部頒發其文藝創作獎，臺灣省教育廳頒發其兒童文學創作獎，及各文藝機構頒發獎狀二紙、聘書一件，證明其服務素行，應併予酌情議處」。可見他的服務成績及創作功績，都已經一併考慮過了，才記過二次，否則可能還要重得多。

三、本案的省思

1. 本案賴技士完全是管閒事管出了禍端，既被判刑又被懲戒，再被停職，一直倒楣

下去，實在划不來。這是別人的事，秦麗雪與胡錦花兩位小姐，都沒有叫他出面召開記者會，他為什麼要強出頭充英雄好漢呢？英雄當不成，變成狗熊了！

2. 要見義勇為，這是鼓勵人去助人救人的理想方針。打抱不平固然也是助人的美德，但是前提要件是要先具備打抱不平的條件，這個條件是充分的法律知識，以及正當且合法的法律程序。如果本案的賴技士瞭解這一點，說動當事人本人出面去控訴，縱然不成立妨害風化或公然侮辱，也不會變成被告被判刑及懲戒了。合法的程序，是依照刑事訴訟法的程序進行告訴告發。如果不懂這些程序，就請教別人，等到瞭解之後才進行，才不會吃虧。可知見義勇為，打抱不平，必須先要有本錢才可以，不能毛毛躁躁逞一時之快。

3. 賴技士說，被性騷擾的秦老師，及被摔文件的胡小姐，在刑事案件審理時，都不願意出庭作證，等到臺灣高等法院第三次傳訊時才出庭；雖然隔離訊問，但是仍然未將事實說出，因此才被判刑。這個說法並不正確，因為依照上面分析，縱然證明實在，畢竟事關私德，與公益無關，仍然構成誹謗罪無疑，法官查問，只是做為量刑的參考而已。如果兩位小姐出庭詳述事實經過，很可能判處低於徒刑四月。很多沒有上過法院作證的人，不敢說實在話，自作聰明，避重就輕，以為這樣做，兩面都不會得罪。殊不知剛好相反；不但害死了一方，而且會被另一方恥

笑，怎會感謝妳呢？做證人就必須將事實源源本本說出來，才是最正確的做法。

4. 從本案發生的事實來看，肇因於同校曾老師寫一篇有爭議的文章發表在聯合報上。劉老師懷疑曾老師的見解，但是人事助理員廖英明居然支持劉老師並且恐嚇曾老師，賴技士才打抱不平，寫傳單開記者會，弄得學校好不熱鬧，羅東高工也很有名。這些事情在學校裡面發生，客觀上說，實在是很不得體的，教育機關應該輔導避免。試想老師之間寫文章罵來罵去，這個學校還像話嗎？老師們應該要有團隊精神才好，否則全體老師都會被人看笑話。

5. 過去的服務成績再好，又有很多傑出的創作，榮獲很多獎狀與獎章，但是抵不過一次的犯罪。像本案賴技士的犯罪行為顯然是欠缺深思熟慮，很不值得。可見不能有過錯，走錯一步，全盤皆輸，就是本案的寫照。平時很多人說，功過可以相抵，但是如果犯了罪，就不可能相抵了；縱然可以作為量刑上的考慮因素，還是要判罪的。做老師的人，要具備多方面的知識，尤其是法律知識，否則會影響自己的前途。

第卅一節 教育人員兼做生意有麻煩（二一案）

一、事實概述

(一)國中幹事當公司發起人

本案發生於八十六年二月間，主角是臺中市立北新國中幹事賴金菊，五十五歲。她於上列時間，投資新臺幣四千九百三十萬元於新鉅建設股份有限公司為股東，並為該公司發起人。案經臺灣省政府移送公務員懲戒委員會，賴金菊申辯略稱：她的先生因為車禍，致成殘障，無法自理本身的食、衣、住、行，更遑論工作以維持全家生計。其小女赴美留學，並嫁給當地華僑，無法回國照料她父親，小兒因此辭去工作，在家專心看護爸爸，現在一家生計均仰賴申辯人一人承擔如此重擔。八十六年二月接受其大嫂贈與新成立的新鉅建設公司的股權百分之二・五九，成為股東。伊因未諳法令，且無人告知該公司申請登記時，將伊列為發起人，直至公文函報學

校，再詢問該公司員工張麗英後始知其事。伊為親自照顧先生，亦不忍小兒因照顧父親而斷送前程，故提早申請退休，已奉准於八十六年六月三十日退休，怎知發生此事，思及身兼家計及照顧家庭之重擔，內心茫茫憂戚，不能自已！萬望各位長官衡量實情，體恤申辯人，其情可憫，請求從輕發落。附送其夫殘障證明書，受贈人帳戶內繳納增值稅明細表為證。然而公懲會仍然認為不能免罰，但是議決僅予申誡處分。

本案資料來源：公務員懲戒委員會八十六年度鑑字第八三五七號議決書。

㈡國中安維秘書作股票

本案發生於七十五年間，案主是臺北市和平國中前安維秘書童德成。他在辦公時間擅離職守，前往股票市場從事股票買賣，被人檢舉，查獲屬實。公務員懲戒委員會認為係違背公務員服務法第十條「未奉長官核准，不得擅離職守」之規定，議處記過二次。

本案資料來源：公務員懲戒委員會鑑字第五八一七號議決書。

㈢教育局長與課員合夥經營生意

本案發生於六十年間，案主為新竹縣政府教育局長莫鎮興與該局課員萬松平。二人於六十年間與另外二名友人合夥開設「九宇行」，經營文具簿冊生意，分別具領薪水。公務員懲戒委員會認為違背公務員服務法第十三條第一項規定，議處各降二級改敘。

本案資料來源：公務員懲戒委員會鑑字第四九二四號議決書。

二、法律責任探討

1.本節都是單純的行政處分案，原因很簡單，就是他們都投資做生意，當公司的發起人，或作股票，或合夥開店。投資公司為什麼要受懲戒呢？因為公務員經營商業是違法的行為，違反公務員服務法第十三條的規定。公懲會認定他們有這種違法的行為，才會給予懲戒處分。

2.公務員服務法第十三條是規定禁止公務員經商。第一項為：「公務員不得經營商業或投機事業。但投資於非屬其服務機關監督之農、工、礦、交通或新聞出版事

業，為股份有限公司股東，兩合公司之有限責任股東，或非執行業務之有限公司股東，而其所有股份總額未超過其所投資公司股本總額百分之十者，不在此限」。第二項為：「公務員非依法不得兼公營事業機關或公司代表官股之董事或監察人」。第三項為：「公務員利用權力、公款或公務上之祕密消息而圖利者，依刑法第一百三十一條處斷。其他法令有特別處罰規定者，依其規定。其離職者，亦同」。第四項為：「公務員違反第一項、第二項或第三項之規定者，應先予撤職」。

3. 本案有關規定，是第十三條第一項。這一項規定要特別注意的有三點：第一點，概括規定為禁止經營商業或投機事業。第二點，以但書作例外的規定，然而有狹窄的範圍：限定於不屬其服務之機關所監督之行業，而且行業僅限於農、工、礦、交通、新聞與出版六種行業才可例外開放。第三點，限於單純的投資，而且股份不能超過公司股本總額百分之十。這三點必須同時具備才行，不能光看一段或一句，自行解釋為合法；比如誤認為投資的股金，只要在百分之十以內就合法了，殊不知沒有顧及所許可的六種行業是不行的。

4. 第一案賴幹事所投資者為建設公司，並不符合於上述六種例外規定的行業。因此只要她有投資的事實，無論投資多少，是否為發起人，都違背了這一條的規定，非受懲戒不可。她答辯說，因為家庭有變故，她的大嫂贈與她股權百分之二點五

九，成為股東，且無人告知她要登記為發起人，直至公文函報學校，再詢問公司的人才知道。但是這些事情根本不重要，只要有投資建設公司的事，就構成懲戒的要件了，縱然只投資了百分之二點五九也一樣。因為所投資的建設公司，並不是例外所准許的六種行業之一。第二、三案也是一樣，只要經商就要受懲戒了；雖然第二案的安維秘書，是引用第十條不得擅離職守的規定，但也違背上述不得經商的規定。

5. 學校的幹事，是一般的公務員，要受公務員懲戒法的規範。公立的國中幹事如此，公立的小學與高中也是如此，但是私立學校則不然。賴女士於退休前夕發生此事，核准退休後，才受到懲戒處分，其處分只是最輕微的申誡，申誡處分當然照送，但是並不影響其退休。公務員不能做生意，所禁止者實乃避免分心於外務，無心於本職，有虧於盡忠職守。然而單純的投資，並沒分身參加營業，不影響其職務，有無繼續禁止之必要，近年來備受批評，可能將來會考慮鬆綁。然而作股票和合夥做生意，是社會人士所一致指責的，一定要戒絕，否則一定有麻煩，會像第三案那樣，受到降二級改敘的嚴重處分。

三、本節的省思

1. 公務員兼營商業，賺了錢也會受批評，遭到物議；被指為利用職權賺錢，甚至被誣栽為貪污而為之，跳到黃河也洗不清。縱然沒有官司上門，很可能會被黑函所苦，到處以匿名信檢舉，就要吃悶虧了。因此當上公務員之後，最好不要兼做生意，才不會犯小人，惹來無妄之災。

2. 是否投資公司為股東，很快就會被查到了；因為設立公司一定要登記，登記文件要附送身份證影本，因而職業欄記載得清清楚楚，可謂毫不費力地查獲，立刻移送懲戒。本節第一案與第三案就是如此，想要申辯都無從申辯起。

3. 單純如第一案的投資，雖然觸犯公務員服務法，但並不是什麼罪大惡極的事，處分也不會太重，大可不必驚慌失措，靜待處分申誡就好了，不必嚇得提早退休。然而像第三案的教育局長與課員合夥開文具簿冊店，沒有迴避其利害關係，是很不聰明的事，因此才會受到重懲。利益迴避原則，是最近的時代潮流，要特別注意避免。

4. 申誡只是書面表示告誡，以後必須小心謹慎。然而法律並無明文規定所投資的股

金怎麼辦？也沒有規定所投資者無效，要退回重新組織公司，公務員的投資要退回。這是行政上的問題，但是一有問題，總是要傷腦筋的，事先能避免就避免之，少掉很多麻煩較好。當然最好是撤資，免得麻煩。

5. 凡是違法或違規的案件，一送到公懲會，雖然事情很小，情節很輕微，都要受懲戒。不像刑事案件，如果犯行輕微，檢察官可以依職權為不起訴處分，法官可以判決免訴。當然並不是所有移送公懲會的案件，都非懲戒不可：如證據不足的案子，當然也可議決不受懲戒處分。同一行為已受懲戒者，或已受褫奪公權之宣告者，或已超過十年者，應為免議之議決（公務員懲戒法第二十四條、第二十五條）。因此如果沒有這兩種情形，就要覺悟非受懲戒不可。但是小事一樁，是不會重懲的。

作者著作：

一、教育人員實用法律（六十八年，緯文圖書公司）

二、中德少年法官裁量權比較研究（七十三年七月，德文；博士論文，慕尼黑大學出版）

三、犯罪與處罰（七十四年十二月一日，民族晚報）

四、刑事案例論集（七十四年十二月十五日，民族晚報）

五、詐欺案例論集（七十四年十二月三十日，民族晚報）

六、票據詐欺案例論集（七十五年五月一日，民族晚報）

七、消費者保護之研究（七十五年，研究報告，臺北地方法院出版）

八、中德少年刑法比較研究（七十六年，五南出版社——獲司法院優等獎）

生活法律漫談 Law about Life

老師的法律責任

學校活動非常龐雜，經常出事，**老師有什麼法律責任呢？**

到目前為止，還沒有相關書籍可供參考。現在有了！這本書要告訴您：不管出了什麼事，老師都可能有三種法律責任：

一是刑事責任要判刑。

二是行政責任要懲戒。

三是民事責任要賠償。

舉凡校內打學生、猥褻女學生、跟同事吵架、挪用代辦費、校外鬧緋聞、發生車禍、兼作生意及其他各種事故，都有不同的責任。這本書以六十六個案例，分三十三節，來解答您的疑惑，使您瞭解老師的法律責任，並避免災難。

Law about Life

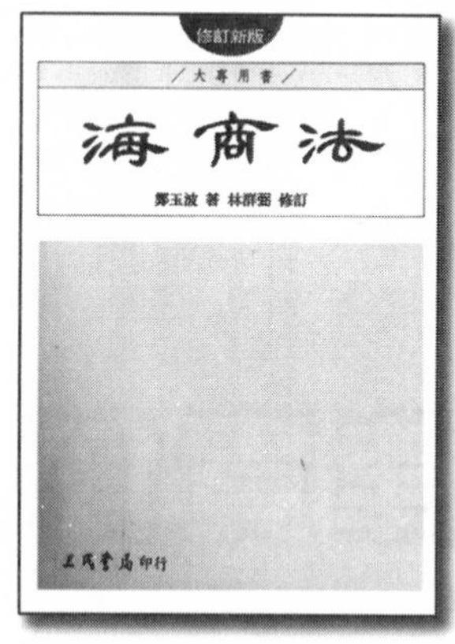

海商法（修訂新版）

鄭玉波 著　林群弼 修訂

本書係針對鄭玉波教授之原著《海商法》修正增補而成。修正增補之主要內容為：「船舶所有人之責任限制」、「海事優先權」、「第六十九條所規定之法定免責」、「共同海損」、「載貨證券」等，此等部分亦為本次海商法修正之重點。增補雖多，但於法條未修正之部分，則盡量保存鄭教授原文之風貌。「原味原汁」之中，讀其文如見其人，觀鄭教授文筆之流暢，說理之清楚，如瞻一代宗師授課時之翩翩風采也。

強制執行法（修訂新版）

陳榮宗 著

本書內容以我國於八十五年修正通過之現行強制執行法之解釋及討論為主，司法院解釋、最高法院判例與決議、高等法院以下各地法院之法律問題討論見解、國內學者著作，均列為重要參考資料而引用、討論、批判。本書分為緒論、總論、各論三編，依強制執行法章節順序，敘述討論法律規定內容與實務上、學理上所發生之法律問題。本書對於德日學說理論介紹頗多，除可供一般實務使用之外，亦可供理論研究之用。

社會學概要

何文男、李天賞 編著

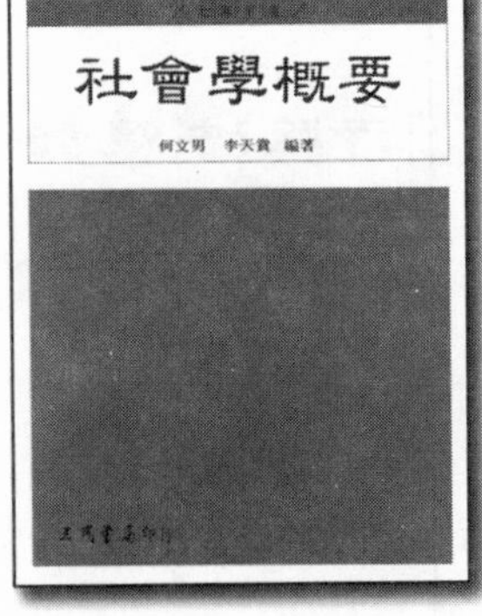

本書是一本初步認識社會學的基礎讀物，專為大專學生以及一般社會青年的需要所編輯而成。為了初學者的閱讀方便，本書儘量避免使用深奧模糊的理論和術語，力求以簡單易懂、清晰扼要的文字敘述，並以通則性和概括性的方式，有系統地介紹社會學的一些重要基本概念，以及現代社會的基本因素、制度形態、和社會現象及其變遷。

法學緒論（修訂新版）

鄭玉波 著　黃宗樂 修訂

本書將「法學緒論」定位為「對於法律之概念、內容及其一般之原理原則，以至於法律思想等，加以初步之介紹者」，共分十二章。文字通順、敘述扼要，並儘量舉例說明，以幫助初學者了解。本書可說是學習法律之最佳入門指引。

行政法總論

林騰鷂 著

本書多以白話語句介紹外國行政法學理，儘量採納我國現時法律與司法實務見解，分篇就行政法之基本理念與原則、行政組織法、公物法、公務員法、行政作用法、行政爭訟法及國家責任法加以研析探討，希有助於行政法學之宏揚開展，並對人民公共生活權益之保障維護，提供知識之整備。

刑法概要（修訂新版）

蔡墩銘 著

本書一方面對刑法作體系上之說明，另一方面在有限篇幅中提供豐富之刑法知識。本書以不到二百頁之頁數，就民國八十八年三月間修正完成之刑法重新予以檢討，使讀者可以由此瞭解刑法修正之內容。除對於刑法修正之部分有所補充之外，本書仍保留過去所具有之特色；即在刑法總則部分，注重犯罪論體系之剖析；在刑法分則部分，分別列舉各罪之主要內容。另使犯罪論之犯罪成立要件與各罪之要件互相關連，俾不致於顧此失彼。此對於欲在短時間內學習刑法之人而言，定有相當之助益。